Gerätturnen
Teil 2

Michael Medler / Hauke Ramm
Rüdiger Räupke / Helmut Siegmon

Gerätturnen
Teil 2

Flensburg 1997

4. Auflage

24944 Flensburg · Telefon (04 61) 3 43 44 · Telefax (0 4 61) 31 17 49

Zeichnungen: Michael Medler, Flensburg
Herstellung: Evert-Druck, Neumünster
ISBN 3-9800 188-7-3

Inhaltsverzeichnis

1. Vorbemerkung

Das Kunstturnen hat in den letzten Jahren eine so schnelle Entwicklung genommen - weg von realistischen Bewegungsmöglichkeiten, hin zu zirkusreifen Attraktionen -, daß seine Vorbildfunktion für ein Gerätturnen in der Schule bestritten wird. Während andere Sportarten sich im Schulsport in den gleichen Erscheinungsformen präsentieren wie im Hochleistungssport und lediglich die qualitativ-quantitative Ausprägung sich anders darstellt, werden im Vergleich dazu im Turnen nicht einmal mehr die gleichen Geräte verwendet. Ein Spitzenleichtathlet sprintet, springt und stößt, wie es der Schüler im Leichtathletikunterricht tut, ein Bundesligafußballer dribbelt und schießt aufs Tor, wie es jeder Junge nachzuvollziehen versucht, und ein Weltranglistenspieler im Tennis spielt Vorhand, Rückhand und Flugball, wie es jeder Tennisanfänger erlernen will. Ein Spitzenturner allerdings zeigt artistische Fertigkeiten, die das Leistungs- und Vorstellungsvermögen der Schüler weit übersteigen, so daß heute selbst eine Identifizierung des Schulturnens als Teilbereich des Kunstturnens schwerfällt. Der außerordentlichen Entwicklung im Hochleistungsturnen steht eine Rückentwicklung im Schulturnen gegenüber, für die vor allem auch die Tatsache verantwortlich ist, daß das Turnen Konkurrenz von vielen anderen Sportarten bekommen hat, die seit einigen Jahren ihren Platz im Schulsport geltend machen.

In dieser Situation ist es unvermeidlich, den Stellenwert des Turnens neu zu überdenken. Die Diskussion um die Zukunft des Gerätturnens hat allerdings die sachlich-kritische Basis schon verlassen. In diesem Zusammenhang gestellte Fragen wie: "Sollen wir unsere Kinder zu Konkurrenten erziehen?" oder "Soll ihr Körper wie ein Werkzeug behandelt werden...?" (TREBELS 1985,11) beweisen den polemischen Anstrich einer unsachgemäßen Argumentation. Hier wird das Turnen zum Ausgangspunkt genommen, um mit den Erscheinungsweisen des Sports insgesamt abzurechnen.

Das Unverständnis liegt darin, daß man die Sportart mit Wettkampf und Konkurrenz gleichsetzt. Jede Sportart hat eine Bewegungsdimension und eine sportliche Dimension. Die sachliche Diskussion verlangt, beide auseinanderzuhalten. Wer das Turnen kritisiert und eigentlich den Sport insgesamt oder auch nur das Hochleistungsturnen meint, der kann keinen sinnvollen Beitrag zu einer realistischen Diskussion des Themas "Gerätturnen im Schulsport - ja oder nein?" leisten. Auch kann eine Lösung des Problems nicht dadurch gefunden werden, daß man sich vom Gerätturnen entfernt und etwas ganz anderes an seine Stelle setzt, gleichzeitig aber den Anspruch erhebt, daß damit grundlegende "turnerische Bewegungserfahrungen" (vgl. TREBELS 1983,85) vermittelt werden.

Wer turnerische Bewegungserfahrungen für die motorische Ausbildung von Kindern und Jugendlichen für unabdingbar hält, der wird an den Strukturen und Entwicklungen der Sportart Gerätturnen nicht vorbeigehen können. Dabei kann es natürlich nicht darum gehen - und auch diese Bewertung zeigt den Diskussionsstand -, diese "ungefiltert" (TREBELS 1983,24) und "gnadenlos" (DIEZEMANN in TREBELS 1983,52) in die Schule hineinzutragen. Die pädagogische Verantwortbarkeit ist angemessener Filter für das, was an grundlegenden turnerischen Bewegungserfahrungen im Sinne einer optimalen motorischen Ausbildung in der Schule seinen Platz haben sollte. Pädagogisch nicht verantwortbar ist sicherlich die einseitige Ausrichtung am Wettkampfsport und an den Bundesjugendspielen. Genauso wenig verantwortbar ist aber, wenn man die im Gerätturnen liegende Chance einer vielseitigen motorischen Ausbildung einer unsachgemäßen Spielerei an und mit Turngeräten opfert.

2. Entscheidungshilfen für ein realistisches Schulturnen

Gerätturnen bietet vielfältige Möglichkeiten für die Ausbildung des Bewegungsverhaltens

Es gibt keine Sportart, die mit dem Gerätturnen in dieser Beziehung konkurrieren könnte. Die Herausforderung der Geräte macht die "dritte Dimension, die raumorientierte Bewegung im eigentlichen Sinne ... zugänglich" (SÖLL 1973, 303). Da schon die "Verwirklichung einfacher Bewegungsmuster im Gerätturnen ein hinreichendes Maß an Koordinationsgüte" (DIEZEMANN 1983,51) erfordert, bietet sein Übungsgut ausgezeichnete Grundlagen für besondere motorische Entwicklungsreize.

Im einzelnen geht es um die unterschiedlichen Weisen "des hoch-tief, oben-unten, hin-her, unten durch - oben drüber und hinauf-hinab" (DÖRRER 1976,5), es geht um die nicht alltäglichen Bewegungszustände Kopf-unten, auf den Händen, auf dem Kopf, im Stütz, im Hang, und es geht um die besonderen Bewegungserfahrungen beim Schwingen, Balancieren, Überschlagen, Rollen und Kippen.

Eng verbunden mit der Ausbildung koordinativer Fähigkeiten ist die Entwicklung des körperlichen Zustandes des Organismus, der im Gerätturnen - anders als in vielen anderen Sportarten - "Grundlagencharakteristik" (DIEZEMANN 1983, 51) besitzt. Die Vielfalt der Bewegungserfahrungen ist demnach auch eine Herausforderung an die Entwicklung eines allgemeinen körperlichen und muskulären Funktionszustandes. Wo diese Bewegungsreize ausbleiben oder zu spät gesetzt werden, verkümmern anlagebedingte motorische Möglichkeiten, ein Erscheinungsbild, das leider immer häufiger zu beobachten ist.

Im Turnen ist vor den Erfolg die Mühe gestellt

Hierin liegt einer der wesentlichen Gründe, warum das Gerätturnen nicht zu den beliebtesten Sportarten gehört. Wer turnerische Fertigkeiten erlernen will, muß sich auf anstrengende, oft mühevolle Lernwege einlassen, die hin und wieder auch mit schmerzhaften Erfahrungen gepflastert sind. Ob es die Barrenholme sind, die dem Anfänger hart und kantig vorkommen, ob die Reckstange, die sich kalt anfühlt, in den Händen brennt, der Übende muß sich so manches Mal überwinden, seine Bemühungen fortzusetzen. Die Hemmnisse sind um so größer, je geringer die Voraussetzungen, d.h., je größer die Versäumnisse des Turnunterrichts im Kindesalter sind.

Erfolg beim Turnen stellt sich nicht unmittelbar ein, ist nicht der schnelle Erfolg, schon gar nicht der Scheinerfolg. Auch die ausschließliche Ausrichtung an der Befriedigung eines momentanen Spaß-Bedürfnisses mit einem episodenhaften Angebot innerhalb spektakulärer Gerätearrangements (vgl. TREBELS) bietet keine Lösung. Sie wird allenfalls momentanen Befindlichkeiten gerecht, versagt aber, wenn man sie am Anspruch eines zielorientierten Aufbaus turnerischer Fähigkeiten mißt. Das Schlüsselerlebnis "ich kann" steht erst am Ende einer längeren Zeit des Bemühens, dessen Weg sorgsam geplant werden muß.

Aufgabenstellungen, deren Lösung gewisser Mühe bedarf, sind pädagogisch bedeutsam; es wäre deshalb falsch, ihnen aus dem Wege zu gehen. Sie sind jedoch nicht unproblematisch. Pädagogisch vertretbar sind sie nur dann, wenn es gelingt, allen Schülern Erfolgserlebnisse zu vermitteln. Hier stellt sich die didaktisch-methodische Aufgabe des Lehrers, geeignete Lehrwege zu konzipieren. Im Schulsport wird es darauf ankommen, auch Teilerfolge sichtbar werden zu lassen - gerade hier darf der Sportunterricht nicht versagen.

In dem intensiven Bemühen um ein Ziel und in der konzentrierten Auseinandersetzung mit sich selbst liegt die personale Bedeutung des Turnens begründet. Der Übende erfährt das Funktionieren und das Nicht-Funktionieren seines Körpers und wie aus dem eigenen Einsatz aus dem Nicht-Funktionieren ein Funktionieren wird. Er lernt, "sich selbst und seine Grenzen, aber auch seine Fortschritte, sein Können, seine Sicherheit und seine Souveränität" (KRÜGER 1986,411) kennen.

Erfolgreiches Bemühen ist mit einer Reihe positiver Erfahrungen verbunden. So hat der Erfolg nach mühevollem Einsatz eine andere Qualität, als wenn er sich ohne Mühe einstellt. Das erstmalige Gelingen einer Fertigkeit ist mit einem besonderen Glücksgefühl verbunden. Auch die gekonnte Fertigkeit ist von ganz anderer Qualität. Die vormals kantigen und schmerzhaften Geräte werden "als weich, geschmeidig und die Bewegung unterstützend empfunden" (KRÜGER 1986,409).

Im Mittelpunkt steht die turnerische Bewegungserfahrung

Darüber ist man sich im Rahmen didaktischer Ansätze einig: Die Bedeutung des Turnens liegt in der Vermittlung turnerischer Bewegungserfahrung. Was das jedoch ist und wie sie vermittelt werden soll, darüber gehen die Meinungen auseinander. Da Turnen nur in der Weise in Erfahrung gebracht werden kann, wie es den Schülern angeboten wird, kommt dieser Frage eine besondere Bedeutung zu.

Die eher traditionelle Richtung (GÖHNER,KRÜGER,SÖLL) bevorzugt die Vermittlung von turnerischen Bewegungserfahrungen in enger Verbindung mit der Vermittlung turnerischer Fertigkeiten. Für das Schulturnen werden aus dem großen Schatz der Turnübungen die Aufgaben empfohlen, "die mit mäßigem bis mittlerem Einsatz realisierbar sind" (GÖHNER 1981,380) und so aufeinander aufbauen, daß sie ein Kontinuum darstellen, d.h. Neues "an vorher Gestelltes und Gelerntes anknüpfen" (GÖHNER 1981,380) kann.

Fertigkeitsorientierte Bewegungserfahrung beinhaltet Könnenserfahrung und Selbsterfahrung in der Auseinandersetzung mit dem eigenen motorischen Vermögen. Der Übende erfährt - deutlicher als in anderen Sportarten -, was er kann und was er nicht kann, wozu er Mut hat und wozu dieser ihm fehlt, welche Stärken und Schwächen er hat, wann er selbstbewußt und wann er verzagt ist, und er erfährt, daß sich all das verändern kann durch seine eigene Kraft und Anstrengung (vgl. KRÜGER 1986,409). Erfolgreiches Turnen vermittelt das Gefühl, den Körper sicher zu beherrschen, riskante Bewegungen wagen zu können und schwierige Übungsverbindungen zu bewältigen; es eröffnet die Möglichkeit, Können als Besitz zu erfahren.

In der Absicht, die fertigkeitsorientierte Ausrichtung des Turnens zu überwinden und eine voreilige "Verschulung" (LAGING 1985,21) zu verhindern, wird von einer geradezu konträren Position her den Tätigkeiten der Vorrang vor den Fertigkeiten eingeräumt. Im Mittelpunkt des Ansatzes stehen die Bewegungsmöglichkeiten, die sich aus dem Springen, Schwingen und Balancieren (vgl. TREBELS) ergeben. Für die Vermittlung turnerischer Bewegungserfahrungen wird empfohlen, "geeignete Bewegungssituationen zu schaffen, die dem Schüler jeweils Bewegungshandlungen ermöglichen, in denen ihm die rauschhaften Erlebnisse von Schwingen und Beschleunigtwerden, von Stützen und Überschlagen, von Springen und freiem Fliegen seinem Bewegungsvermögen entsprechend zugänglich werden."

In der Beurteilung der Bedeutung des Bewegungserlebens liegen die Ansätze gar nicht weit auseinander. Bezweifelt werden muß jedoch, daß derartige Bewegungserlebnisse bei nicht fertigkeitsorientiertem Vorgehen jemals höhere Qualität erhalten, so daß ihr Bedeutungsgehalt kaum über den Zeitraum von Einzelstunden hinauswirken wird. Springen und Schwingen z.B. sind wenig konkrete Umschreibungen von Bewegungsmöglichkeiten, die sowohl Turnspezifisches als auch Turnunspezifisches umfassen. So weist WELLER (1987,387) darauf hin, daß viele Bewegungen des Gerätturnens zwar mit Springen und Schwingen beginnen, weil das Abspringen und das Schwungholen notwendige Voraussetzungen sind, um die erforderliche Energie zu liefern, das eigentlich Turnerische aber erst danach kommt. Der Versuch, den unter dem Oberbegriff Gerätturnen beheimateten Bewegungsreichtum mit Springen, Schwingen und Balancieren zu identifizieren, wird dieser Sportart deshalb in keiner Weise gerecht. Die praktische Umsetzung besteht dann auch eher in einer Fortsetzung von Kinderspielplatzerlebnissen, die der fertigkeitsorientierte Ansatz lediglich als Einstieg in die Welt des Turnens akzeptiert.

Bewegungskunststücke sind der Reiz des Turnens

Der Turner wird in Ausübung seines Sports nie auf die Idee kommen, ein Hochreck oder einen Barren (alltagsgemäß) mit einer Leiter zu besteigen oder an den Pfosten hochzuklettern. Es geht nicht um die alltägliche Bewältigung eines solchen Problems, sondern um eine möglichst alltagsferne, attraktive. Im Blick steht nicht die Verwendung von Hilfsmitteln, sondern die Bewältigung aus eigener Kraft und eigenem körperlichen Vermögen. Turnerische Fertigkeiten sind eigens zu diesem Zweck erdachte Bewegungserfindungen. Je ungewöhnlicher und spektakulärer die Art der Bewegungsausführung ist, desto attraktiver stellt sie sich dar. Hier liegt der Reiz des Turnens, seine Faszination. Hier stellt sich aber auch das entscheidende Problem. Denn Kunststücke sind nicht sofort zu haben; sie stehen erst am Ende eines langen Vermittlungsweges.

Daraus ergibt sich einer der wesentlichen Gründe für die Kritik am fertigkeitsorientierten Ansatz. Will man die Attraktivität des Turnens erhalten, gilt es deshalb vor allem, das inhaltliche Angebot so zu gestalten, daß auf reizvolle Kunststücke nicht verzichtet wird, eintönige Lehrwege jedoch vermieden werden.

Die Orientierung an Fähigkeiten umfaßt Tätigkeiten und Fertigkeiten

Den beiden Extremen, die Bewegungserfahrungen des Gerätturnens durch einerseits sehr offen formulierte Tätigkeiten, andererseits sehr eng gefaßte Fertigkeiten zu vermitteln, wollen wir einen Vorschlag an die Seite stellen, in dessen Mittelpunkt grundlegende turnerische Fähigkeiten stehen. Ein Beispiel: Es geht nicht nur um die Tätigkeit Springen, die in dieser offenen Formulierung zu wenig turnspezifisch ist, und es geht nicht um die genormte Fertigkeit "Hocke über das Pferd", es geht vielmehr um die grundlegende Fähigkeit des Stützspringens. Die Strukturierung nach Fähigkeiten ist offen für Tätigkeiten, soweit diese turnerisch sind, und sie ist offen für eine Reihe von Fertigkeiten. Sie ist umfassender auf die Vielfalt turnerischer Bewegungserfahrung bezogen. Sie engt nur dort ein, wo es aus turnerischer Sicht geboten erscheint. Die Vermittlung grundlegender Fähigkeiten berücksichtigt die für den Einstieg ins Gerätturnen wichtigen Tätigkeiten, bietet aber vor allem auch dem eine sachgerechte Basis, der diese Sportart über die Schule hinaus im Verein betreiben möchte.

Aus der Vielzahl turnerischer Fähigkeiten haben wir diejenigen ausgewählt, die uns für ein fortgeschrittenes Schulturnen (die Basis ist dargestellt bei MEDLER/RÄUPKE 1983) wichtig erscheinen. Es sind dies:

- **Stützspringen**
- **Gleichgewicht halten**
- **Rollen**
- **Überschlagen**
- **Stützabschwingen**
- **Stützaufschwingen**
- **Schwingen**

Es ist nicht unsere Absicht - denn es dürfte einige Mühe bereiten -, das Wort "Fähigkeiten" in dem so formulierten Sinne zu definieren. Sogar eine begriffliche Abgrenzung von "Tätigkeiten" und "Fertigkeiten" ist kaum möglich. So wird der von uns ebenfalls verwendete Begriff "Schwingen" sowohl als Tätigkeit (hier oft mit "Schaukeln" gleichgesetzt) als auch als Fertigkeit (z.B. Schwingen am Barren) verwendet. Als Fähigkeit meint er jedoch mehr: Es geht darum, turnerische Bewegungserfahrungen mit dem Schwingen zu vermitteln, das im Gerätturnen für sich allein in vielfältigen Variationen, aber auch als Energieträger für eine Vielzahl von Fertigkeiten (aus dem Stütz oder Oberarmhang am Barren, aus dem Hang am Reck und an den Ringen) von Bedeutung ist. Und schließlich sind es die turnerischen Fertigkeiten selbst, die nur aus dem Schwingen heraus geturnt werden können, die wir diesem Thema zugerechnet haben.

Die motorischen Bedeutungen turnerischer Fähigkeiten werden u.E. am besten erfahren, wenn sie im Zusammenhang mit Bewegungsproblemen vermittelt werden. Die Mehrzahl turnerischer Fähigkeiten beherbergt solche Lösungen: Mit Formen des Stützaufschwingens z.B. wird das Problem gelöst, aus dem Hang in den Stütz zu gelangen (z.B. Kippe am Reck). Mit den Formen des Stützspringens wird das Problem gelöst, im Flug ein Hindernis zu überwinden und wieder auf den Beinen zu landen. Und mit den Formen des Überschlagens wird das Problem gelöst, von den Füßen über die Hände wieder auf die Füße zu gelangen.

Problemstellungen können - werden sie entsprechend angeboten - zur Lösung reizen. In besonderem Maße jedoch ist die Attraktivität des Turnens von einer entsprechenden Gestaltung der Lehrwege abhängig.

Turnen muß abwechslungsreich und spannend vermittelt werden

Konkret ist damit die methodische Gestaltung der Lehrwege angesprochen. Der Gerätturnunterricht ist dann interessant, wenn es gelingt, attraktive Wege zu beschreiten. Das insgesamt zielgerichtete Vorgehen muß abwechslungsreich und spannend sein, muß hin und wieder auch durch riskante Aufgabenstellungen herausfordern, ohne jedoch gefährlich zu sein.

Möglichkeiten hierfür sind zahlreich vorhanden: durch besondere Aufgabenstellungen, durch geschickte Zusammenstellung der Geräte, durch den Einsatz von Ersatzgeräten sowie durch das Erfinden von Hilfsgeräten. Mit etwas Geschick kann der Einsatz der genormten Geräte vor allem dort lange vermieden werden, wo die Herausforderung doch nur abschreckende Wirkung hat, solange die turnerischen Fähigkeiten noch nicht genügend entwickelt sind.

Dem Erfindungsreichtum sind keine Grenzen gesetzt, wenn es darum geht, die genormten Geräte durch eine andere Gerätewelt zu ersetzen. Jedoch führt nicht alles, was man aus Geräten arrangieren und konstruieren kann, auch zum Ziel. Bei allem kreativen Konstruktionswillen darf der Bewegungsauftrag nicht vergessen werden. Vorwürfe, die sich dahingehend äußern, das gegenwärtige Turnen sei eintönig und wenig attraktiv, werden schnell als unbegründet entlarvt, wenn man in die Fachliteratur sieht. Langweilig und abstoßend ist lediglich das, was man im Sportunterricht aus dieser attraktiven Sportart gemacht hat: wenige Fertigkeiten werden "bis zum Überdruß gedrillt" (GARSKE 1975,145). Das Schulturnen sollte sich wieder auf die ihm eigene Attraktivität besinnen und sich das Vorgehen nicht von außen (z.B. BJS) vorschreiben lassen. Was bleibt bei der wenigen Zeit, die für das Gerätturnen heute noch zur Verfügung steht, sonst übrig als ein zweckrationales Vorgehen, das notgedrungen in der Sackgasse endet.

Wer mit Schülern turnt, muß Erleichterungen schaffen

Erleichterungen zielen auf die Kompensation fehlender motorischer und konditioneller Voraussetzungen. Sie ermöglichen - bei der heute allgemein anzutreffenden nur geringen turnerischen Grundausbildung - auch dem nicht für das Turnen prädestinierten Schüler die Ausführung von Turnfertigkeiten, die er sonst niemals erfahren würde. Konkret geht es darum, einen Handstand am Barren zu ermöglichen, auch wenn der Übende nicht oder noch nicht über die Kraft verfügt, diesen aus dem eigenen Schwingen zu schaffen; es geht darum, einen Salto oder einen Flickflack zu turnen, auch wenn der Übende nicht über genügend Sprungkraft verfügt; oder es geht darum, einen Sprung über ein Längsgerät sicherzustellen, wenn der Übende Angst vor dem Sprung unter genormten Bedingungen hat.

Erleichterungen können helfen, das Gegensatzpaar Können - Nicht-Können (es gibt einige wenige, die können es, und es gibt viele, die lernen es bei vieler Mühe nie), das im Turnen so deutlich wie in kaum einer anderen Sportart zutage tritt, aufzulösen. Die Suche nach Kompensationsmöglichkeiten fehlender Voraussetzungen gewinnt für das Schulturnen aus diesem Grunde besondere pädagogische Bedeutung. Jede Veränderung, die die Erfolgswahrscheinlichkeit einer Bewegungsform erhöht, ist willkommen. Gerade im Schulsport - aber nicht nur dort - muß immer wieder nach Lösungen gesucht werden, die das Erfolgserlebnis und die Bewegungssensation auch bei fehlenden Voraussetzungen in den Mittelpunkt des Lernprozesses stellen. Diese liegen nicht auf der Hand, sie bedürfen des besonderen Engagements des Vermittlers.

Erleichterungen sind schon immer ein wichtiges Prinzip der Übungsreihe gewesen. Sie begleiten den methodischen Weg beim Erlernen turnerischer Fertigkeiten. Schritt für Schritt wird die Schwierigkeit der Bewegungsanforderungen gesteigert. Fehlende körperliche Voraussetzungen werden in der Auseinandersetzung mit den vorwiegend koordinativen Aufgaben mitgelernt.

Anders stellt sich das Problem, wenn nicht mehr die eigentliche Zielübung, sondern lediglich die erleichterte Bewegungsform im Mittelpunkt steht. So z.B., wenn nicht mehr der Handstand am Barren aus dem Schwingen, sondern aus dem Federn am Minitrampolin, wenn nicht mehr der Handstandüberschlag am Boden, sondern der Überschlag mit einem Niveauunterschied von Stütz- und Landefläche angeboten wird. Das Turnen ändert sich inhaltlich, ohne daß man sich vom Turnen entfernt. Das ändert auch nichts daran, daß es ein besonderes Glücksgefühl bedeutet, den Handstand am Barren oder den Handstandüberschlag am Boden ohne besondere Hilfsmittel aus eigener Kraft zu schaffen. Turnunterricht, der sich dem Prinzip der stufenweisen Erleichterungen bis hin zu inhaltlichen Veränderungen verschreibt, kann so differenziert gestaltet werden, daß einerseits den Begabten das mit der Zielübung verbundene Erfolgserlebnis ermöglicht wird, andererseits aber auch den weniger Begabten wesentliche turnerische Bewegungserfahrungen des koordinativen Schwerpunktes einer Bewegungsform nicht vorenthalten werden.

Ganz besonders gute Voraussetzungen für Erleichterungen im Turnunterricht bietet das schon mehrfach erwähnte Minitrampolin. Die mit seinem Einsatz verbundene Sprungverstärkung liefert die erforderlichen Energien für eine Vielzahl von Turnfertigkeiten, die der Übende aus eigener Kraft nicht aufbringen kann. Erleichterungen sind darüber hinaus durch günstige Zusammenstellung der Geräte zum "Geräteersatz" (z.B. Kastenbarren statt Barren, Mattenhügel statt Pferd), zu Schrägen und Schiefen, zu Niveauunterschieden zwischen Stütz- und Landeflächen usw. möglich. Und schließlich werden Erleichterungen durch eine Vielzahl von kleineren, aber bedeutungsvollen Veränderungen gewährt, wie z.B. Polsterungen von Reckstangen und Barrenholmen durch Heizungsrohrisolierungen, Abpolsterung des Bodens oder der Wand mit Weichböden usw..Dem Erfindungsreichtum sind hier keine Grenzen gesetzt.

3. Praktischer Teil

Der praktische Teil umfaßt die sieben Abschnitte:

3.1 Stützspringen
3.2 Gleichgewicht halten
3.3 Rollen
3.4 Überschlagen
3.5 Stützabschwingen
3.6 Stützaufschwingen
3.7 Schwingen

Die Vermittlung dieser Fähigkeiten geschieht schwerpunktartig durch Fertigkeiten, für die attraktive Lehrwege angeboten werden. Für nahezu alle Fertigkeiten wurden Arbeitskarten mit den wichtigsten Bewegungsdetails erstellt. Vergrößert sind sie hilfreich als Anschauungsmaterial im Unterricht zu verwenden.

Auch auf schwierige Fertigkeiten muß im Schulunterricht nicht verzichtet werden, wenn die Schüler lernen, ihren Mitschülern zu helfen. Dafür ist es notwendig, jedem die Helfergriffe zu vermitteln und sie auch von jedem anwenden zu lassen. Auf eine detaillierte Darstellung der Helfergriffe haben wir deshalb ebenfalls großen Wert gelegt.

Ein anderes, immer zu beachtendes Kriterium für die Attraktivität des Turnunterrichts ist die Organisation mit der Anordnung der Geräte. Mancher Inhalt wird erst dann von Schülern positiv aufgenommen, wenn er besonders "verpackt" wird. Mit dem Angebot von Kreisdurchgängen, Durchgängen im Strom und sich kreuzenden Aktionswegen haben wir versucht, das Augenmerk auch auf diese Dimension des Unterrichts zu richten.

Zu beachten ist ferner, daß es nicht immer das genormte Gerät sein muß, mit dem turnerische Bewegungserfahrungen vermittelt werden. Oftmals eignen sich aus Klein- und Großgeräten zusammengestellte Aufbauten viel besser dafür. Vor allem durch die Verwendung von Matten und Weichböden kann ein "weicher" Eindruck vermittelt werden, der Schüler leichter zum Mittun herausfordert als das "harte" Turngerät. Erst bei gekonnter Bewegung wird auch das "harte" Gerät akzeptiert, vielleicht sogar als "weich" empfunden (vgl. KRÜGER 1984).

3.1 Stützspringen

Das Stützspringen gehört zu den attraktiven Fertigkeiten im Gerätturnen. Hindernisse im Sprung zu überwinden, ist mit besonderen Bewegungserlebnissen verbunden. Das Reutherbrett oder das Minitrampolin als Sprunghilfe ermöglichen auch den Sprungschwächeren eine angemessene Flugweite.
Eine einfache Möglichkeit, Höhe und Weite der Sprünge noch zu vergrößern, bietet sich, wenn man zwei Reutherbretter übereinanderlegt. Liegt das obere Brett im größten Wirkungsbereich des unteren, erhöht sich die Federkraft erheblich; allerdings gibt es bereits Sprungbretter, die diese zusätzliche Federkraft in sich vereinen.
Aus der Vielzahl der Stützsprünge haben wir uns mit der Längsgrätsche und der Längshocke auf das Basisprogramm beschränkt. Der originelle methodische Weg zur Längsgrätsche gestattet auch ein Vorgehen in dieser Reihenfolge.
Bei den weiterführenden Stützsprüngen ergeben sich Überschneidungen mit dem Thema "Überschlag"; deshalb werden die Fertigkeiten Rad, Nackenüberschlag und Handstandüberschlag erst dort behandelt.

3.1.1 Grätsche

Aus Bänken, aufgelegten Matten und einem kleinen Kasten bauen wir uns einen Sprunghügel. Zunächst wird der Kasten allmählich nach hinten verschoben.

Grätsche über den kleinen Kasten mit Landung auf dem Mattenhügel

Wer es nicht schafft, landet mit gegrätschten Beinen auf dem kleinen Kasten. So kann man sich auch bei allen folgenden methodischen Schritten "helfen".

Grätsche über den Sprunghügel
(der kleine Kasten ist jetzt
zur Mitte hin eingerückt)

Längsgrätsche über den ganz
an das Ende der Matte gerückten
kleinen Kasten

Grätsche über den Sprunghügel
mit doppelter Mattenlage:
Durch zusätzliche Mattenlagen
wird der Aufbau allmählich
erhöht.
Differenzierungen können leicht
vorgenommen werden.

Grätsche über den Sprunghügel
mit dreifacher Mattenlage
usf.

Ein zweiter kleiner Kasten (vorn quer) wird dazugestellt, der Sprunghügel dadurch vergrößert.

Hilfestellung:
Ein Helfer faßt mit Klammergriff an den Oberarmen.

Zwei Längskastenteile vermitteln den Eindruck eines Längskastens. Dieser Aufbau kann - nach Leistungsvermögen differenziert - mit vielen Zwischenstufen angeboten werden.

Zielübung:
Grätsche über den Längskasten
Hilfestellung:
Ein Helfer faßt mit Klammergriff an den Oberarmen.

Zielübung:

Grätsche über das Längspferd

Vorschläge für den Geräteaufbau und die Organisation des Unterrichtes

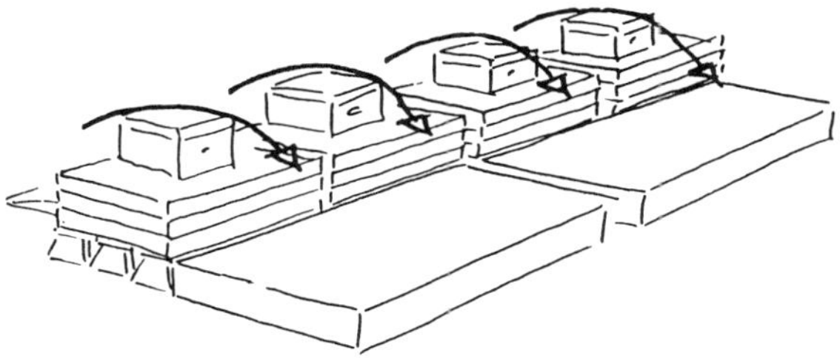

Vier Anlagen für das Üben in Riegen

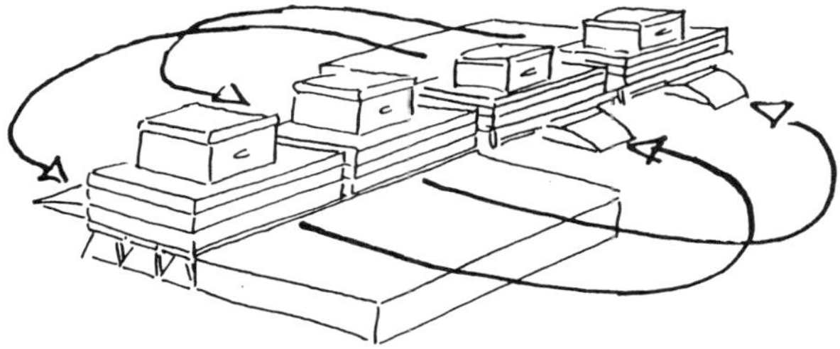

Ein kurzer Umbau ermöglicht das Üben im Kreisdurchgang.

Bei großen Klassen und geeigneten Mattenmaßen können sogar 6 Anlagen im Kreisdurchgang gemeistert werden.

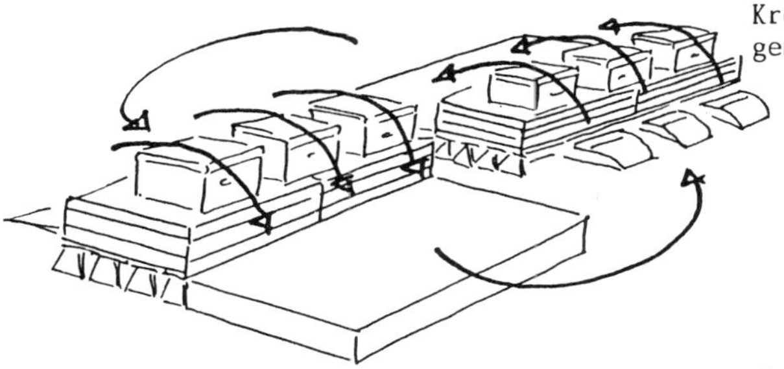

Auch hintereinander aufgebaut entstehen fordernde Anlagen.

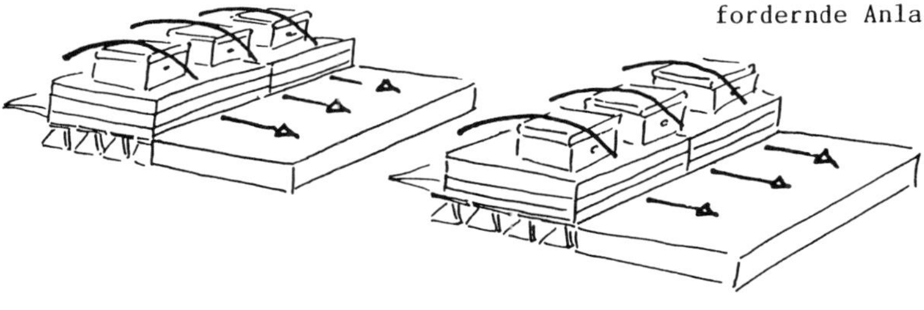

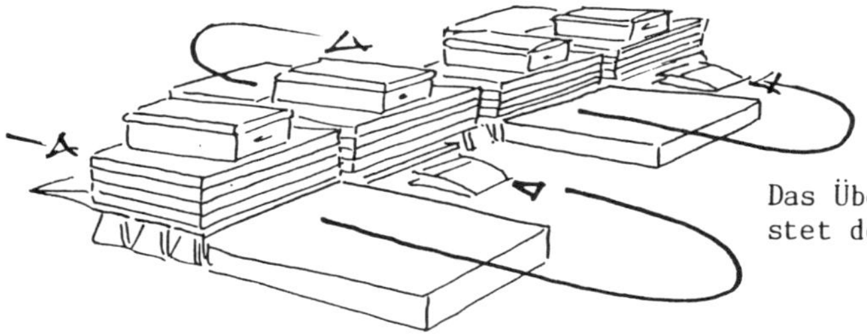

Das Üben im Strom belastet den Kreislauf...

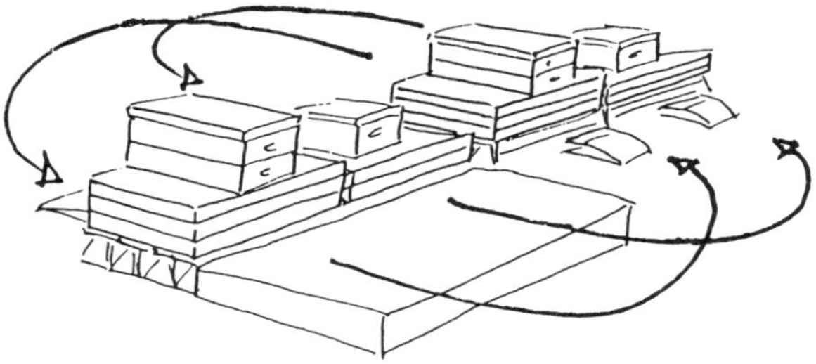

Eine Differenzierung ist bei diesem Aufbau jederzeit möglich, sogar so, daß bei je 2 Anlagen im Kreis gleiche Anforderungen gestellt werden können.

Kreislaufbelastend und motivierend ist der große Kreisdurchgang.

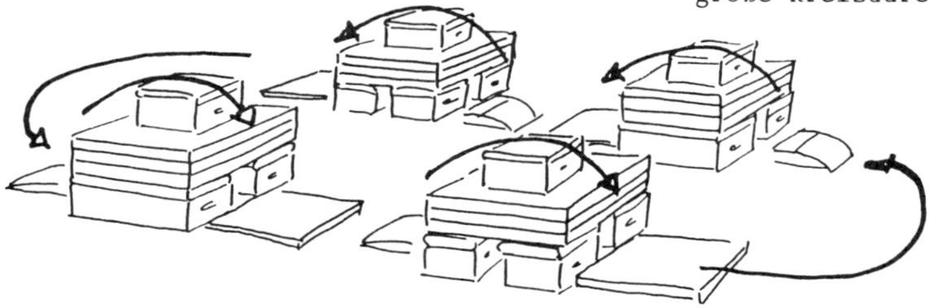

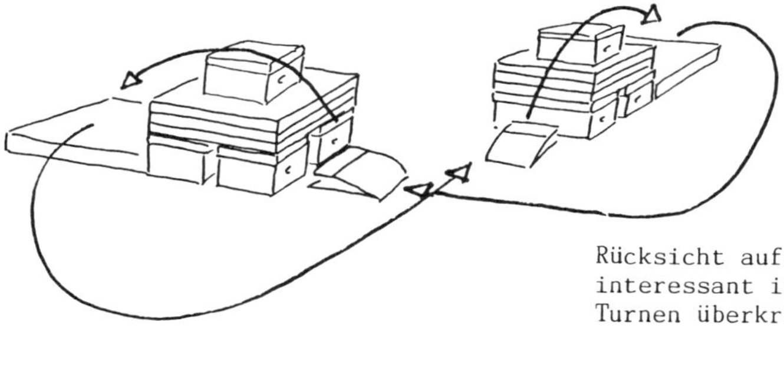

Rücksicht aufeinander - interessant ist das Turnen überkreuz

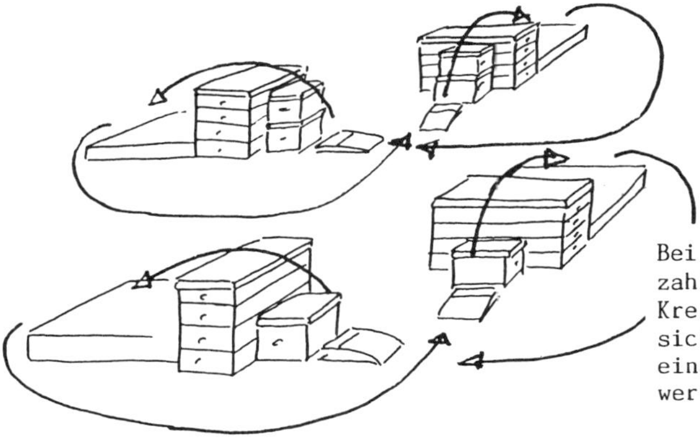

Bei größeren Schülerzahlen wählen wir zwei Kreuze, die je für sich aber auch hintereinander übersprungen werden können.

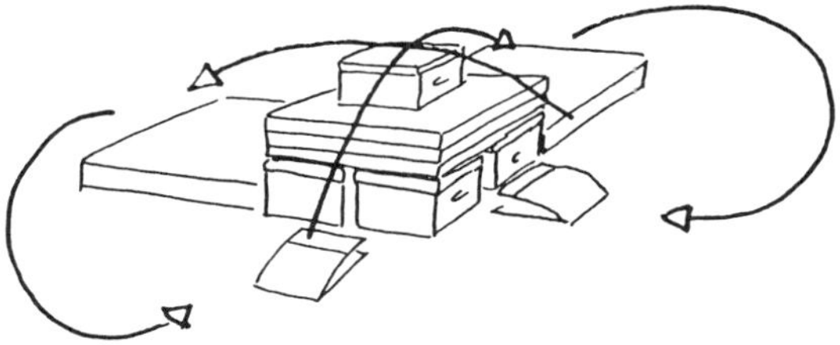

Genauso kann auch jede einzelne Anlage im Kreuzverkehr übersprungen werden.
An der Kreuzung gilt: "Rechts vor links!"

Für große Sprünge gibt es die großen Sprungbretter (WM- oder Hochleistungssprungbretter).
Eine ähnliche Federwirkung kann man aber auch dadurch erreichen, daß man zwei Sprungbretter übereinanderlegt. Das obere muß so aufgelegt werden, daß es im federwirksamen Teil des unteren Brettes beginnt.

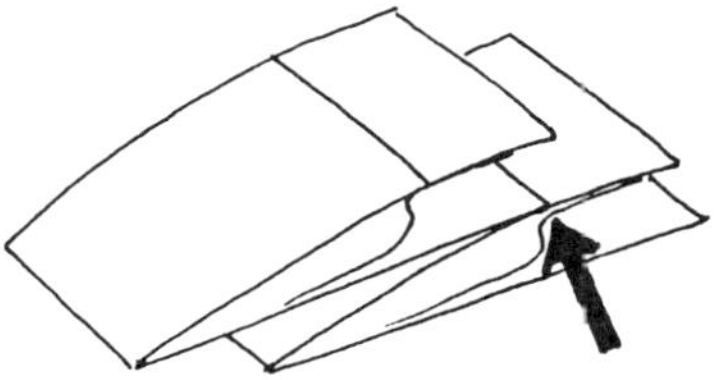

Auflage im federwirksamen Teil

3.1.2 Hocke

Hocke über den Sprunghügel durch die Sprunggasse. Wir nutzen weiter den bei der Grätsche gewählten Aufbau. Aus kleinen Kästen werden jedoch Sprunggassen gebaut.

Wer es nicht schafft, landet problemlos auf der Mattenlage.

Hocke durch die Sprunggasse. Die kleinen Kästen haben wir jetzt ganz an das Ende der Matte gerückt.

Der Sprunghügel wird allmählich erhöht.

Die kleinen Kästen werden durch Kastenoberteile ersetzt, die dann bereits eine Vorstellung von der Zielübung (Hocke über den Längskasten) vermitteln; hier handelt es sich allerdings noch um eine reizvolle Zwischenaufgabe.

Die Sprunggasse kann auch mit Hilfe kleiner Kästen hergestellt werden...

oder, wenn viele Matten zur Verfügung stehen, durch eine tiefe Mattengasse.

Die Gasse können wir durch einen "Mattenbogen" ausfüllen, so daß die Anlage nur noch durch ein hohes Überhocken bewältigt werden kann.

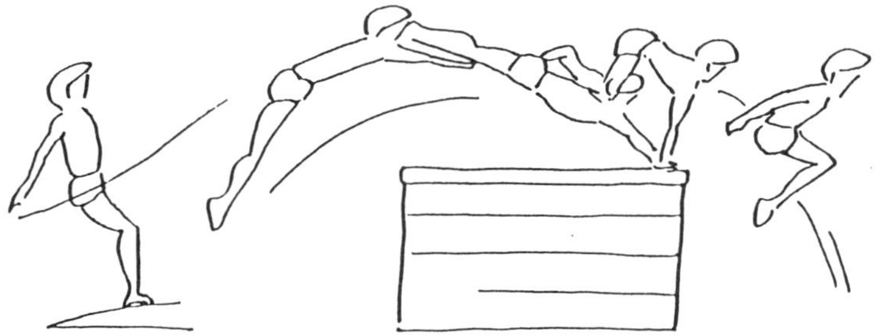

HOCKE ÜBER DEN LÄNGSKASTEN

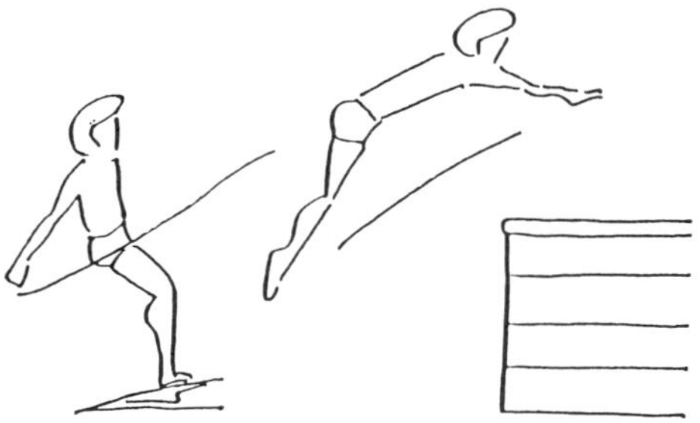

Kräftiger Absprung
mit Armzug von
hinten-unten nach
vorn - oben

Aufsetzen der Hände
im vorderen Teil
des Sprunggerätes

Kräftig abdrücken
und Oberkörper
aufrichten

HOCKE AM LÄNGSKASTEN

HILFESTELLUNG

Zwei Helfer
mit Klammergriff
am Oberarm

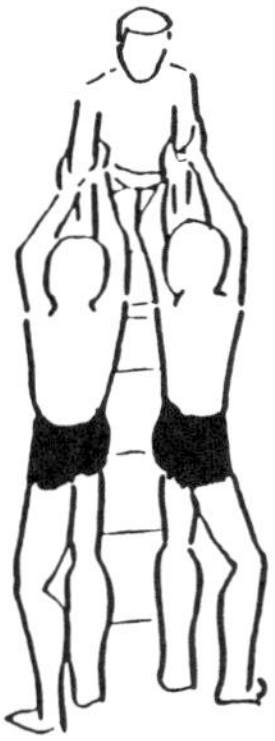

Stellung hinter
dem Sprunggerät
mit Innenbein und
Innenschulter vorn

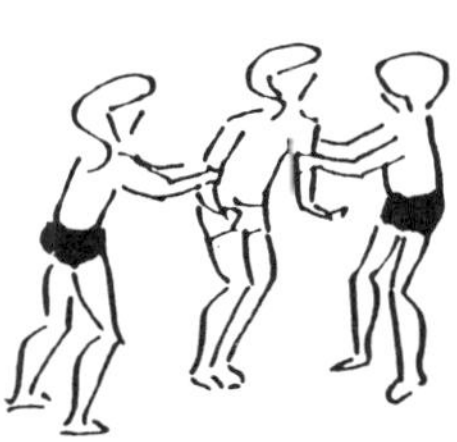

Den Übenden mit
festem Griff in
den Stand führen

Hocke an der schrägen Kastengasse
Die Aufsetzstellen am Kastenende sind bei diesem Aufbau schon frühzeitig einzusehen.

Hocke an der Kastengasse

Die Kastengasse haben wir jetzt mit einem Mattenbogen ausgefüllt.

Hocke über den mit zwei vorgestellten kleinen Kästen verlängerten Querkasten
Die Aufsetzstellen sind gut einsehbar, weil die kleinen Kästen niedriger sind als der 4-teilige große Kasten.

Wir erweitern die Anlage durch einen dritten kleinen Kasten...

und durch einen vierten kleinen Kasten.

Eine interessante Variante ist die Hocke über den aus Bänken, kleinen Kästen und Matten gebauten Sprunghügel...

...der durch weitere Matten schrittweise erhöht werden kann.

Hilfestellung:
Zwei Helfer fassen mit Klammergriff an den Oberarmen.

Hocke über die in Längsrichtung gelegten Matten - eine weitere, interessante Steigerung.

Die Hocke über den aus Längskästen und Matten gebauten Sprunghügel.
Die (blauen) Mattenlagen über dem breiten Kastenaufbau erwecken mehr Vertrauen als der einzeln stehende, hohe Längskasten.

Zielübung: Hocke über den Längskasten

Zielübung: Hocke über das Pferd

Vorschläge für den Geräteaufbau
und die Organisation des Unterrichtes

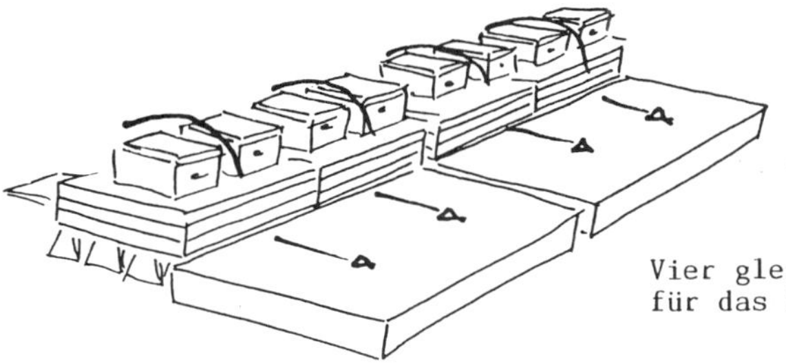

Vier gleiche Anlagen
für das Üben im Riegenbetrieb

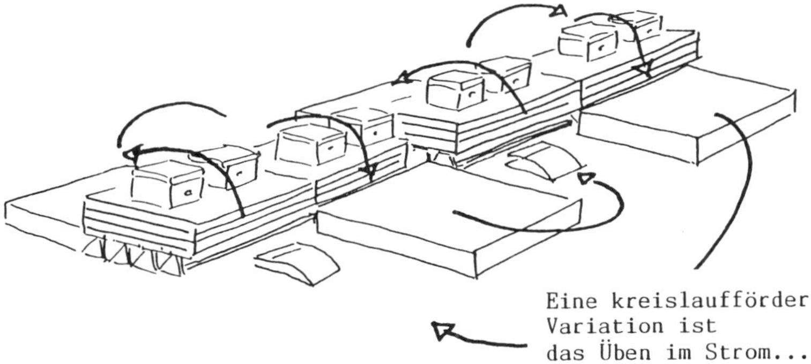

Eine kreislauffördernde
Variation ist
das Üben im Strom...

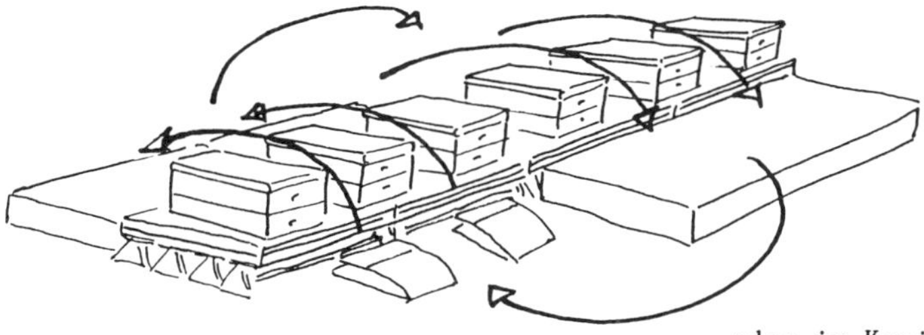

oder im Kreisdurchgang.

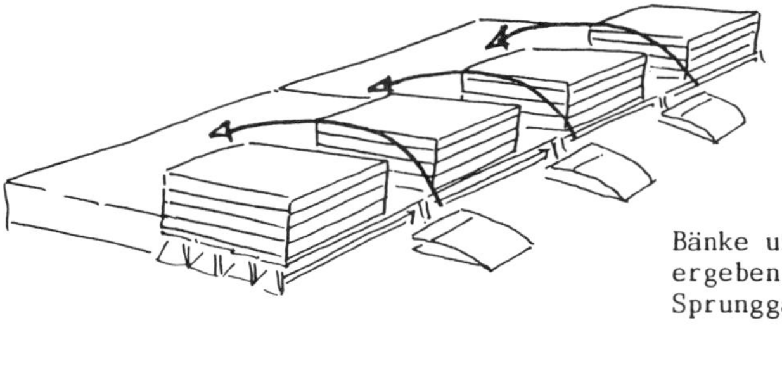

Bänke und (viele!) Matten
ergeben anspornende
Sprunggassen.

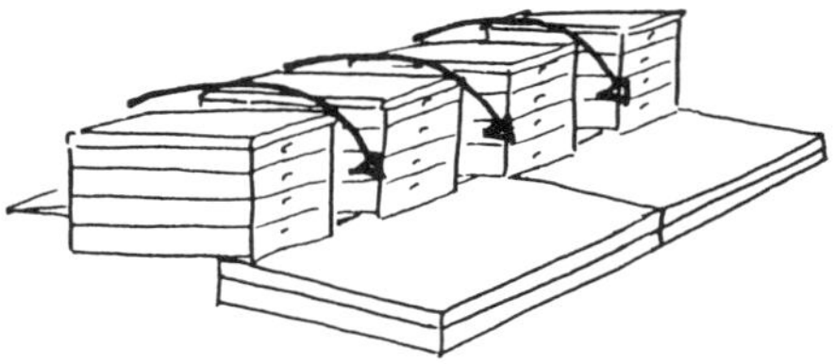

Mit vier Kästen lassen sich drei Sprunggassen bauen.
Die Kästen müssen so aufgebaut werden, daß die Landung nach dem Sprung auf der Matte, nicht aber auf dem Spalt zwischen den Matten erfolgt.

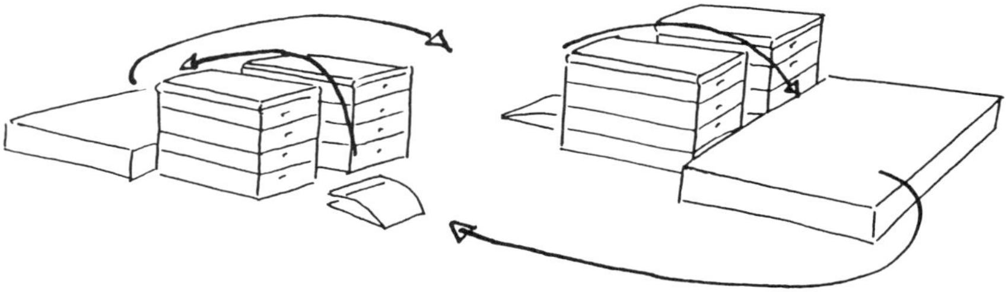

Auch für die Kastengassen lassen sich Kreisdurchgänge aufbauen...

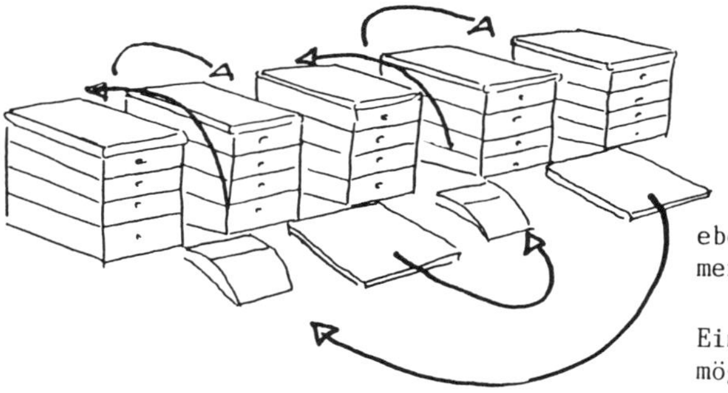

ebenso kann man in Strömen üben.

Eine Variante ermöglicht den Aufbau von zwei gleichen Anlagen hintereinander in Reihe.

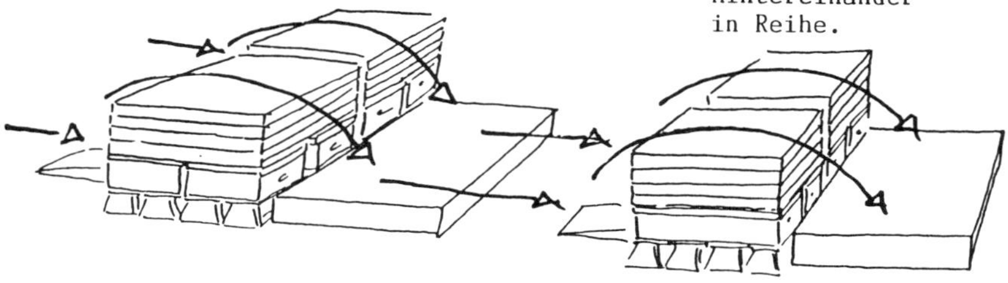

Großer Kreisdurchgang

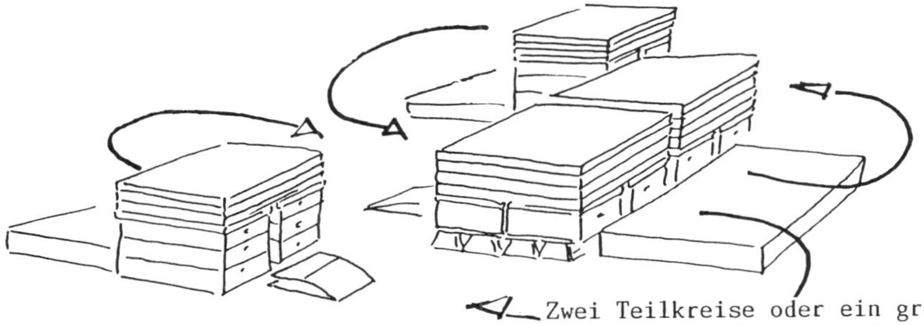

Zwei Teilkreise oder ein großer Durchgang im Strom an vier Geräten

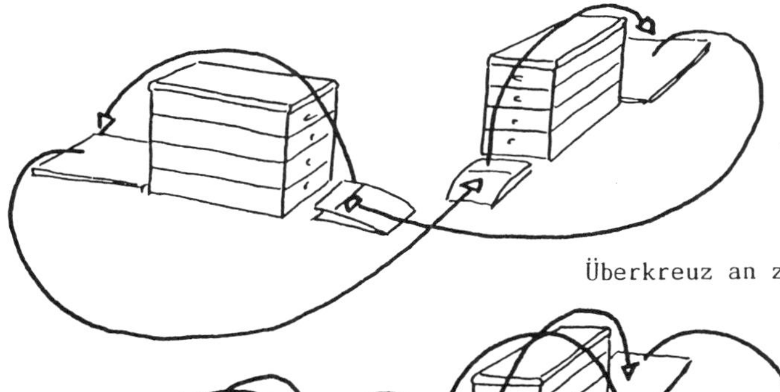

Überkreuz an zwei Geräten

Doppelkreuz an zwei Geräten

3.2 Gleichgewicht halten

Beim Gleichgewichthalten, dem Balancieren, denkt man zunächst an Übungen auf dem Schwebebalken. Im Grundlagenbereich geht es hier hauptsächlich um Schritt- und Sprungkombinationen, bei denen das Gleichgewicht gehalten werden muß.

Balancieren kann man aber auch auf dem Kopf beim Kopfstand, auf den Oberarmen beim Oberarmstand und auf den Händen beim Handstand und dem Handstandlaufen sowie dem Radschlagen, wenn es darum geht, dieses auf einem Steg oder Balken auszuführen.

Wir wollen uns auf die zuletzt genannten Aufgabenstellungen beschränken. Es gibt vielfältige Aufgabenmöglichkeiten für das Balancieren in aufrechter Körperhaltung (vgl. MEDLER/RÄUPKE 83, S. 121 - 130). Auf das Balancieren bei Aufgaben, die die turnerische Bewegungserfahrung nicht in den Mittelpunkt stellen, wie etwa das Balancieren über die Reckstange oder das "Schlappseil", haben wir verzichtet.

3.2.1 Kopfstand

Aus dem Hockstand
in den Kopfstand

Ein Helfer unterstützt den
Übenden beim Aufrichten und
verhindert das Überfallen.

Ein kleiner Kasten erleichtert
das Aufrichten.

Nach ersten Erfahrungen geht es auch ohne Helfer.

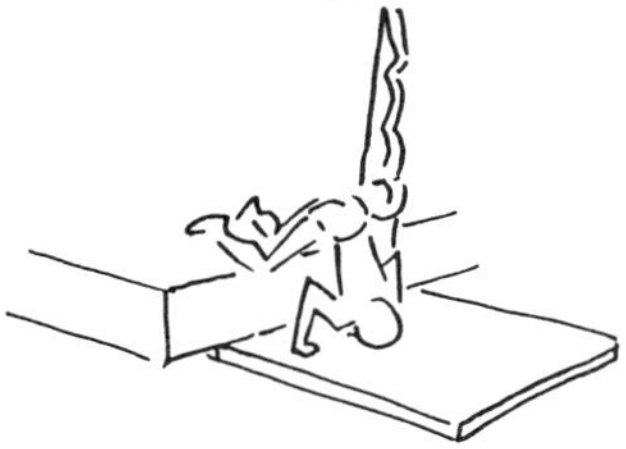

Vom Weichboden ist es für manche leichter.

An der Kastentreppe machen wir den ersten Kopfstand auf einer Erhöhung.

"Krabbel"-Kopfstand an der Wand

Vom Kopfstand in den Handstand

Zwei Helfer unterstützen nur so viel, wie es für den Übenden nötig ist.

KOPFSTAND

Hände und Kopf im
"Dreieck" aufsetzen

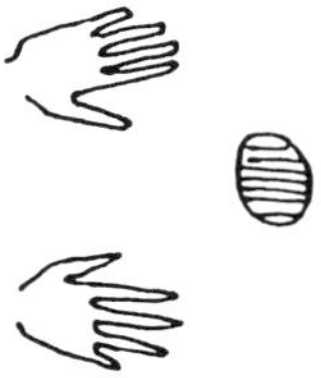

Erst den Körper heben,
dann die Beine

Hilfestellung:

Ein Helfer mit
Klammergriff
oder
"Eingabeln"

Vom Kopfstand in den Handstand
an der Wand

Zwei Helfer unterstützen nur
so viel, wie es für den Übenden
nötig ist.

Vom Kopfstand in den Handstand

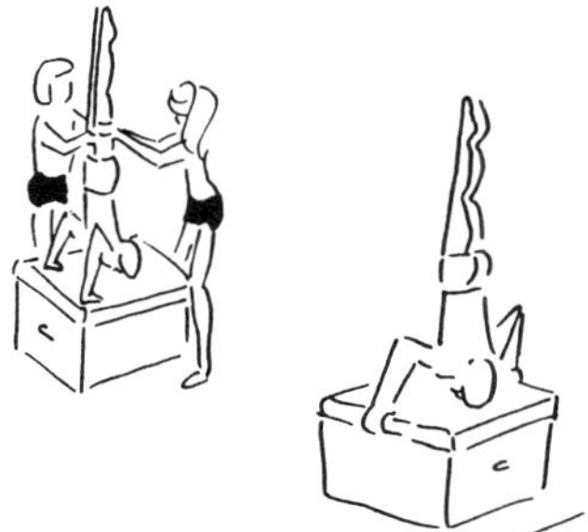

Kopfstand auf dem kleinen
Kasten
Zwei Helfer sichern den Übenden.

Kopfstand auf einem kleinen
Kasten an einem Weichboden

Kopfstand auf dem großen Kasten

Vorschläge für den Geräteaufbau und die Organisation des Unterrichtes

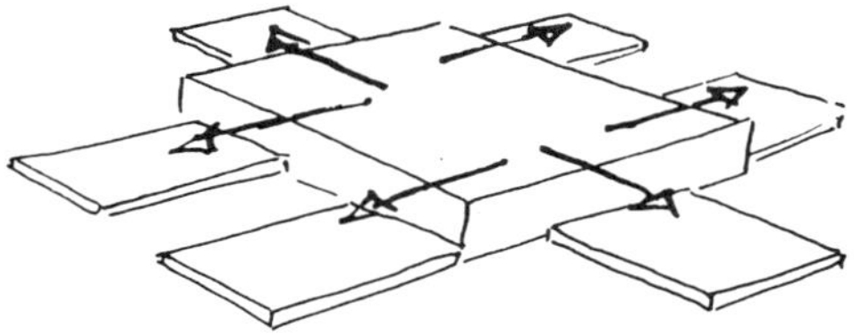

Rund um den Weichboden ergeben sich viele Stationen

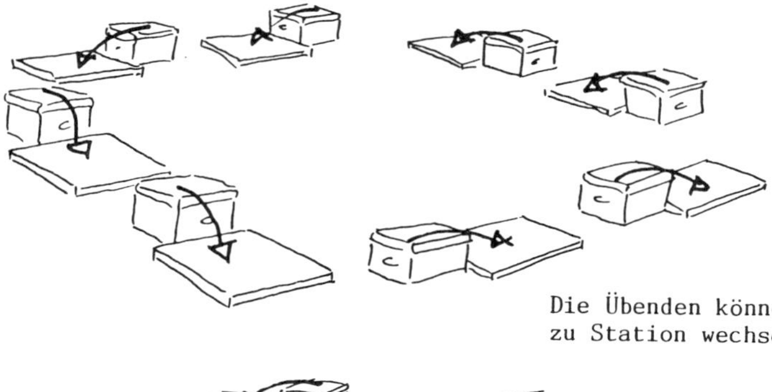

Die Übenden können von Station zu Station wechseln.

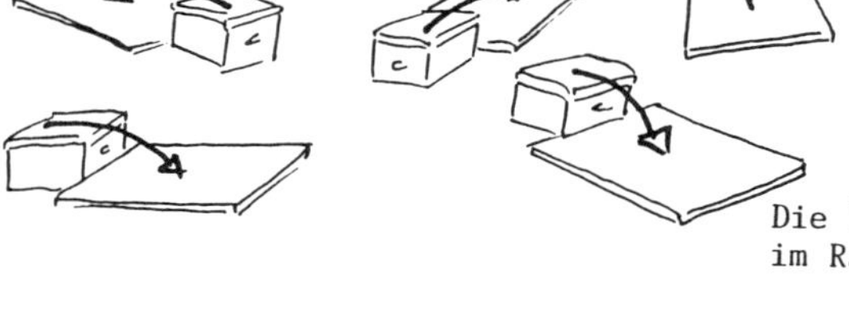

Die Übungsstationen sind frei im Raum verteilt.

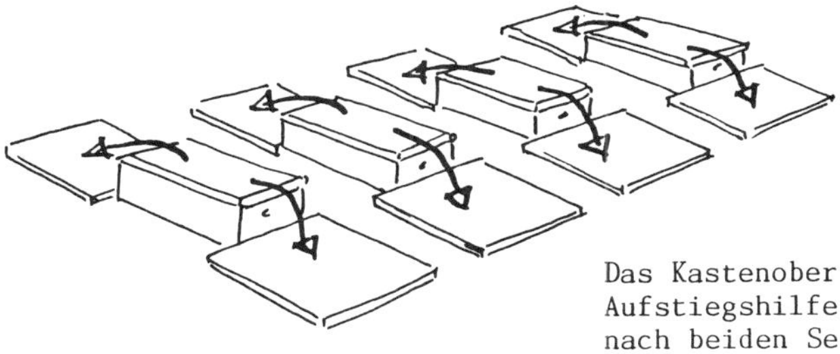

Das Kastenoberteil dient als
Aufstiegshilfe - wir üben
nach beiden Seiten.

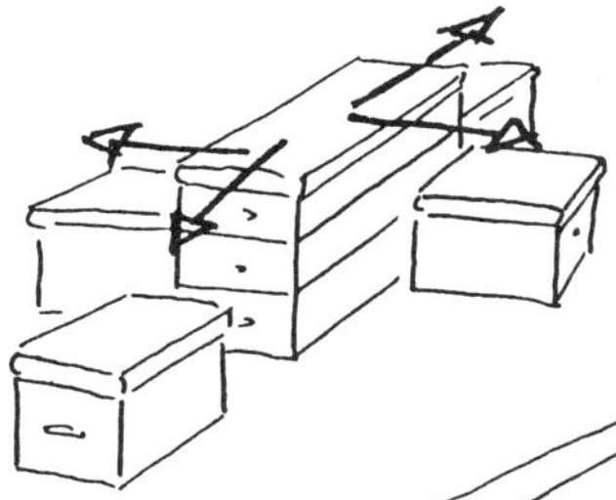

Vier Stationen an einem großen
Kasten

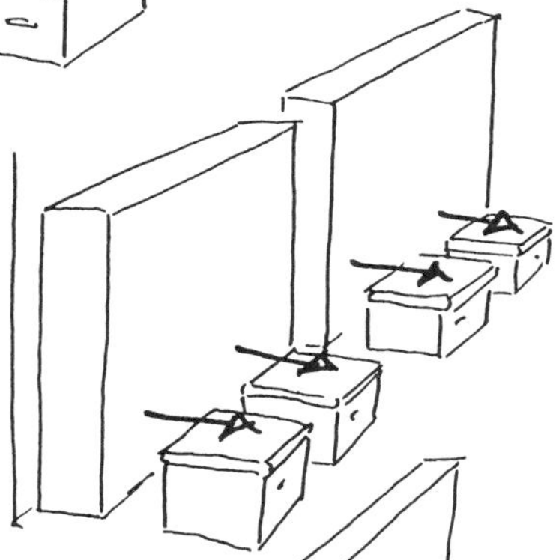

Mehrere Stationen können am
Weichboden vor der Wand auf-
gebaut werden.
Wir üben stationär oder im
Wechsel von einer Station
zur anderen.

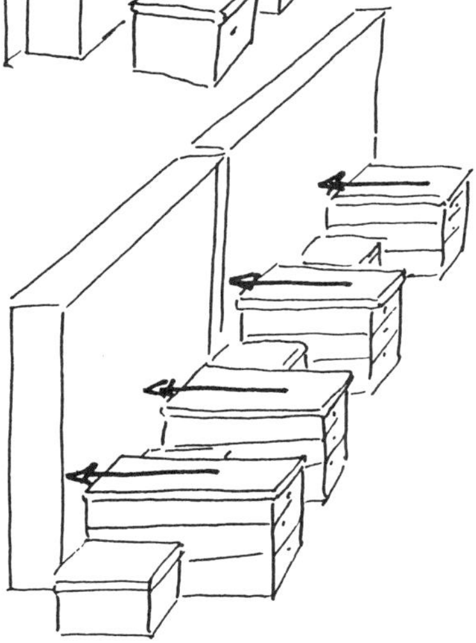

Mehrere Anlagen mit Weichböden
als Überfallhilfe

Weichböden sichern den Kopf-
stand auf einer Erhöhung.
Wir üben stationär oder im
Wechsel von einer Station
zur anderen.

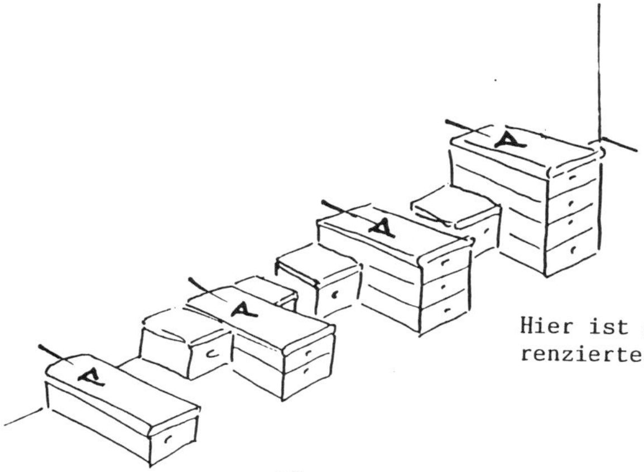

Hier ist nach Leistung differenziertes Üben möglich.

3.2.2 Handstand

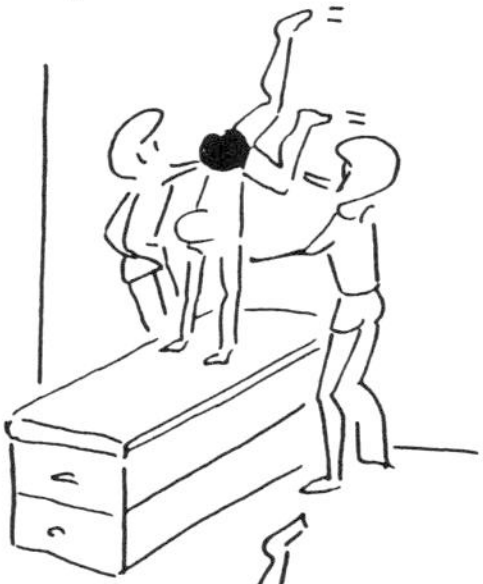

Krabbelhandstand auf einer Erhöhung

Wir erhöhen den Kasten. Zwei Helfer sichern von der Seite.

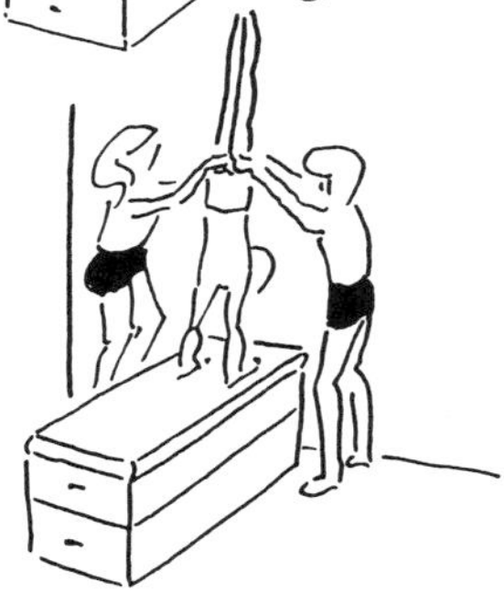

Handstandschwingen gegen die Wand auf einer Erhöhung Zwei Helfer sichern mit Klammergriff am Oberschenkel.

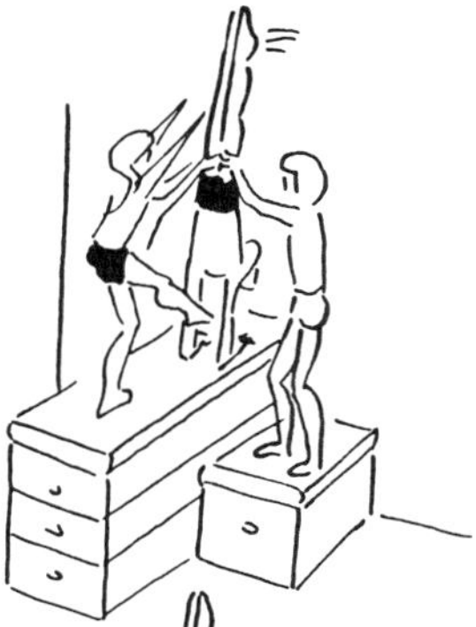

Wir erhöhen die Anlage -
die Helfer "wachsen" mit.

Schwingen in den Handstand
auf einem freistehenden Kasten
Zwei Helfer fassen den Übenden
mit Klammergriff am Oberschen-
kel.

Eine herausfordernde Variation
ist das Aufschwingen gegen
die Wand gegen einen Weichboden.

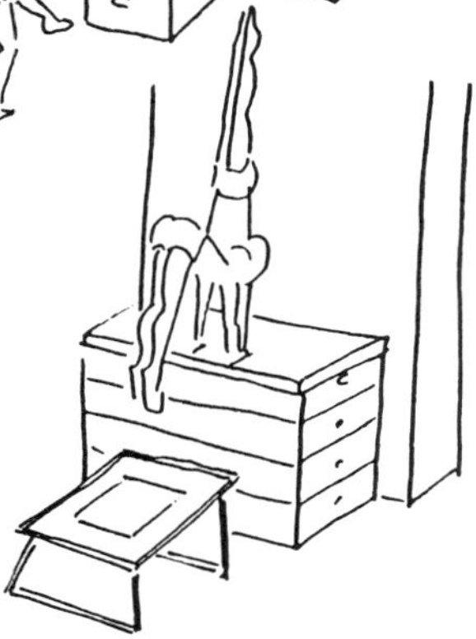

Auffedern in den Handstand
mit Hilfe des Minitrampolins

Auffedern in den Handstand
auf einen freistehenden Kasten
mit Minitrampolin
Zwei Helfer fassen den Übenden
frühzeitig mit Klammergriff
am Oberschenkel.

Auffedern in den Handstand
auf einen Kasten mit anschließendem Abrollen

Ein (oder zwei) Helfer ergreifen den Übenden frühzeitig
mit Klammergriff am Oberschenkel.

Auffedern in den Handstand
an der Kastengasse
Die Kastengasse ist mit einer
aufgewölbten Matte gefüllt.

Aufschwingen in den Handstand
am Barren
Zwei Helfer fassen den Übenden
frühzeitig mit Klammergriff
am Oberschenkel.

Auffedern in den Handstand auf den quergestellten Schwebebalken

Auffedern in den Handstand am Reck ...
Zwei Helfer fassen den Übenden frühzeitig mit Klammergriff am Oberschenkel.

...und auch am Barren mit Griff beider Hände auf einem Holm

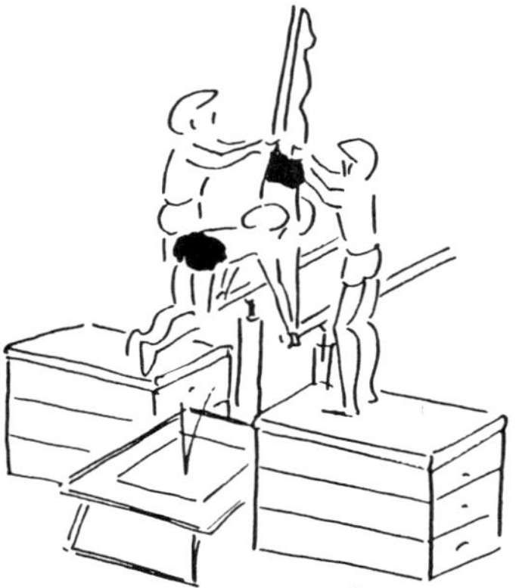

Auffedern in den Handstand am Barren
Zwei Helfer fassen den Übenden frühzeitig mit Klammergriff am Oberschenkel.

Stützabschwingen in den Handstand mit Handstandlaufen und abrollen (Abrollhilfe unter der Matte)

Ein (oder zwei) Helfer begleiten den Übenden

Stützabschwingen in den Handstand auf einen Kasten mit Handstandlaufen und Abwenden
Ein (oder zwei) Helfer begleiten den Übenden.

Stützabschwingen in den Handstand und Handstandlaufen über eine Kastentreppe und abrollen

Wieder sichern ein (oder zwei) Helfer.

Stützabschwingen in den Handstand mit Handstandlaufen über eine zweistufige Kastentreppe

Handstandlaufen an der Kastengasse

Handstandlaufen an der Kastengasse mit Abrollen

Hock-Handstand an der Wand

Hock-Handstand frei im Raum

Hockhandstand am Weichboden
als Abdruckhilfe

Hockhandstand an der Kasten-
treppe als Abdruckhilfe

Rolle vorwärts mit anschließen-
dem Hockhandstand

Hockhandstand mit
anschließendem Abrollen

Vorschläge für den Geräteaufbau
und die Organisation des Unterrichtes

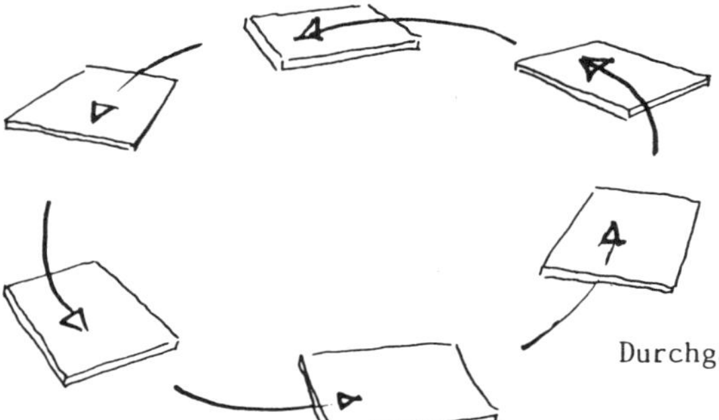

Durchgang am Mattenkreis

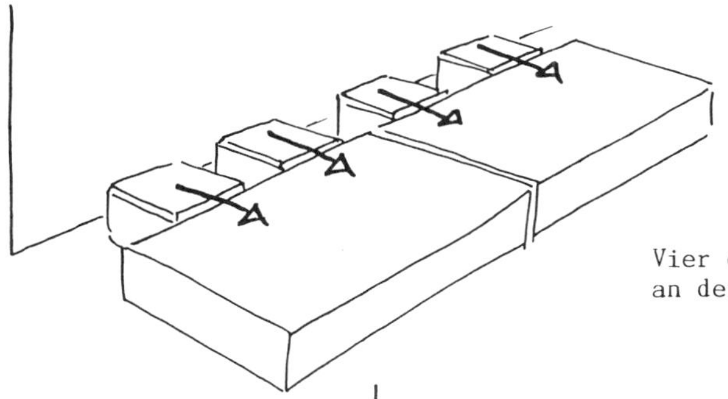

Vier erhöhte Stationen
an der Wand

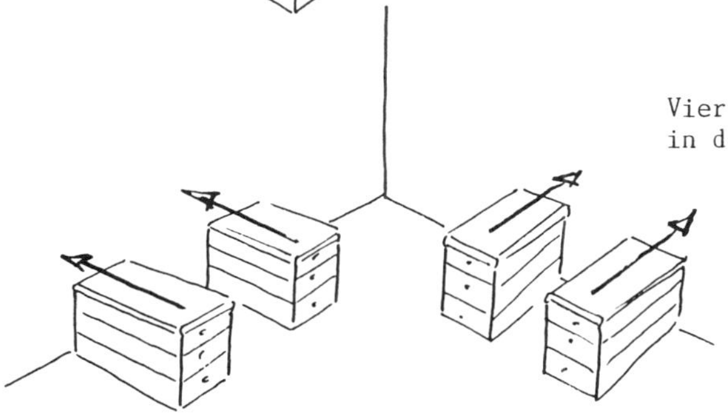

Vier Stationen
in der Hallenecke

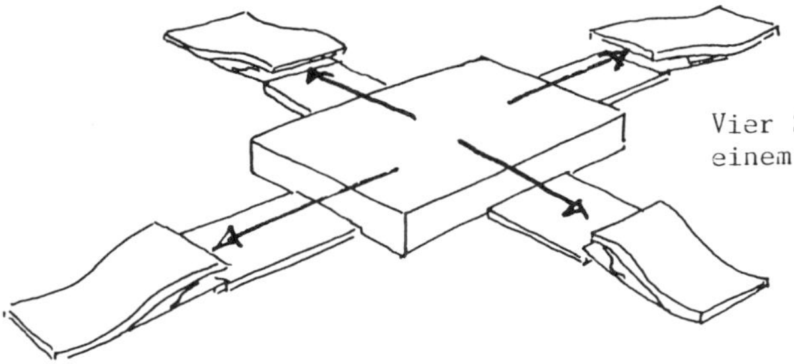

Vier Stationen an
einem Weichboden

Wir üben an
vier Stationen im Strom.

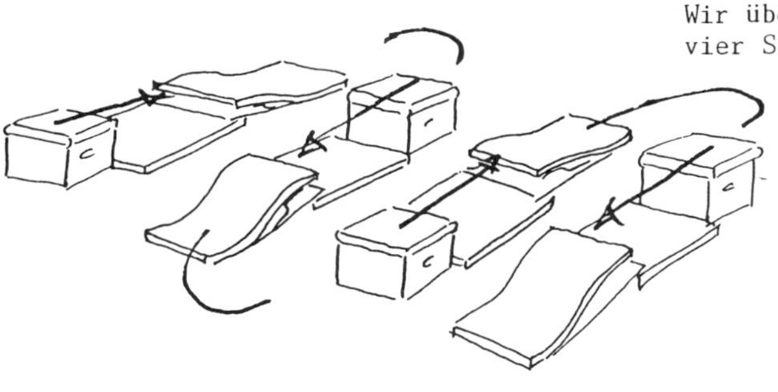

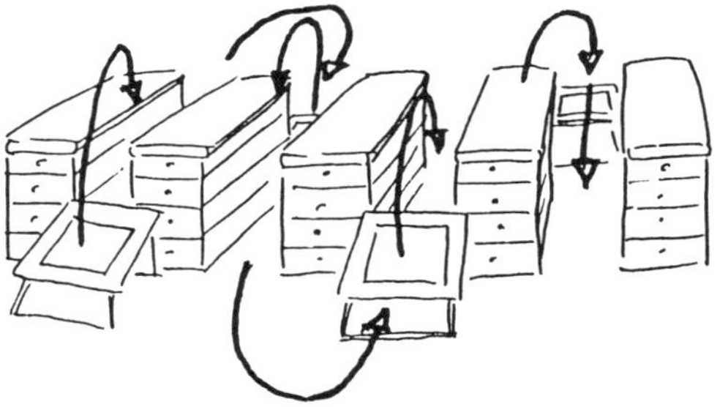

Aus fünf Kästen lassen sich vier Kastengassen aufbauen. Zunächst stationäres Üben, dann Üben im Strom.

Vier Stationen an zwei Barren

Wir üben an der Station und im Kreisdurchgang.

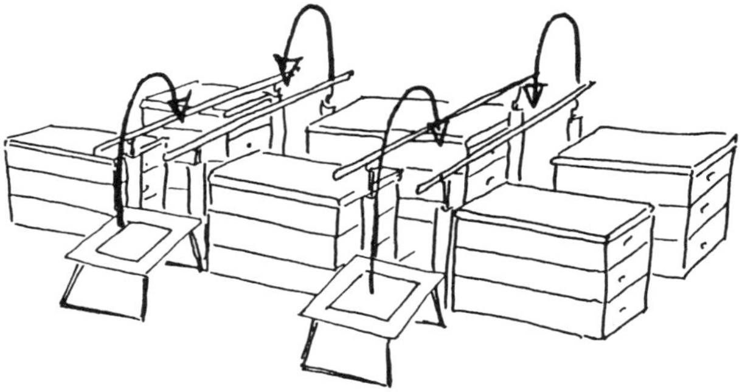

Großer Kreisdurchgang an Recks und Barren

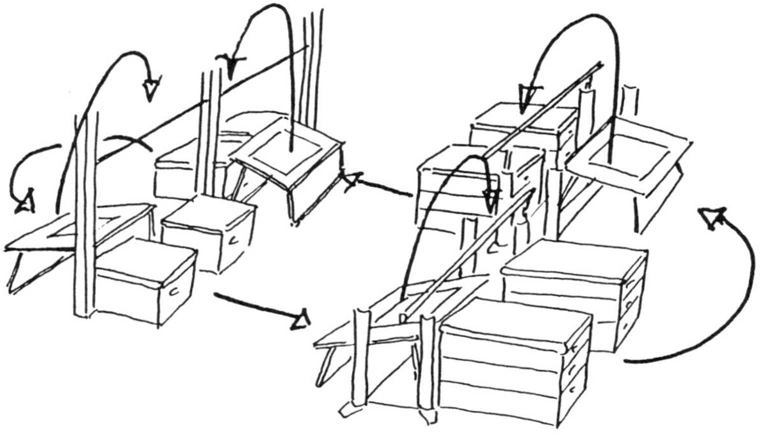

3.2.3 Rad auf dem Balken

Rad auf dem Kastensteg
Weichböden sichern den Steg seitlich.

Rad auf dem freien Kastensteg

Rad auf der Bank
mit seitlicher Absicherung durch Weichböden

Rad auf der freistehenden Bank

Rad auf der umgedrehten Bank mit seitlicher Absicherung durch Weichböden

RAD AUF DEM BALKEN

Aufsetzen der Hände
<u>eng</u> an den Fuß

Fast gleichzeitiges
Aufsetzen der Hände -

die Finger zeigen
zueinander -

mit schnellem Überschwingen der Beine

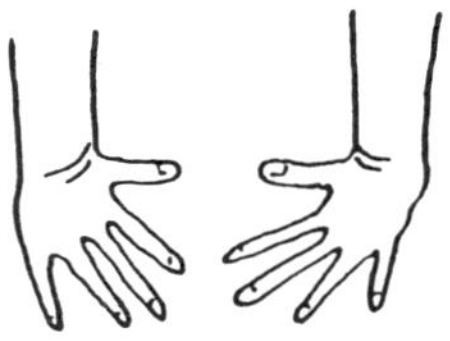

Fuß eng an die Hände
heransetzen und mit
diesen seitlich abstützen

Rad an der umgedrehten Bank
(mit Mattenlagen abgesichert)

Rad auf der umgedrehten Bank

Zur Hilfe faßt ein Helfer den Rücken des Übenden in Hüfthöhe mit Klammergriff

Rad auf dem Balken, der mit mehreren Weichböden abgesichert ist

Zielübung:

Rad auf dem Schwebebalken

Vorschläge für den Geräteaufbau
und die Organisation des Unterrichtes

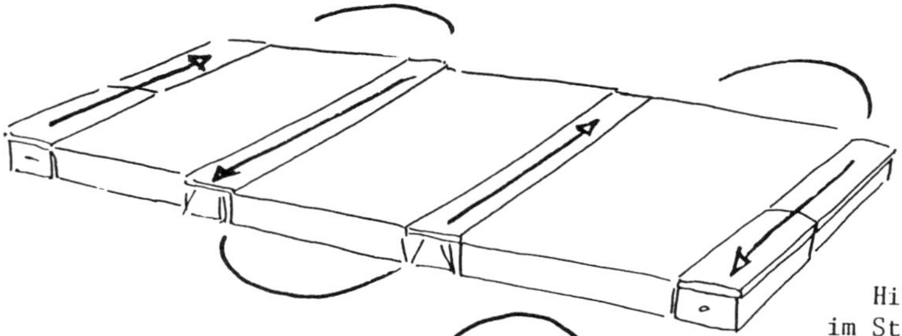

Hier kann
im Strom von
Station zu Station
gewechselt werden.

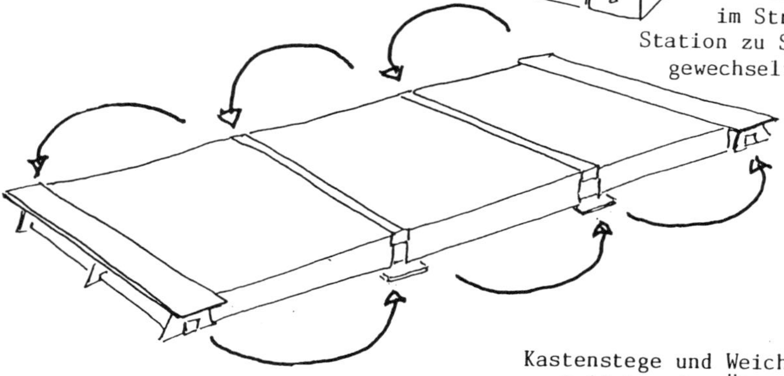

Kastenstege und Weichböden
ermöglichen das Üben an einer
Station oder im Kreisdurchgang.

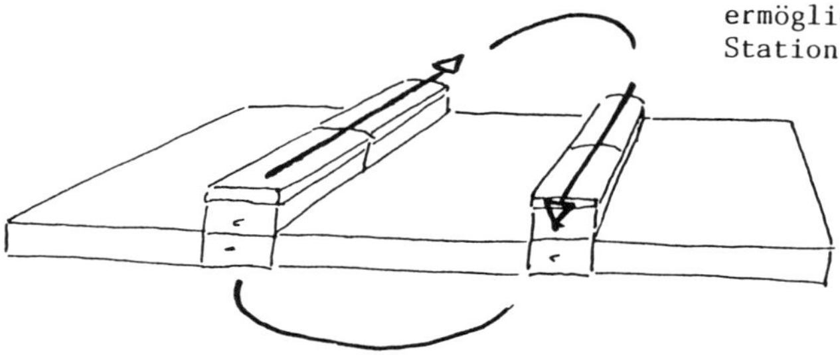

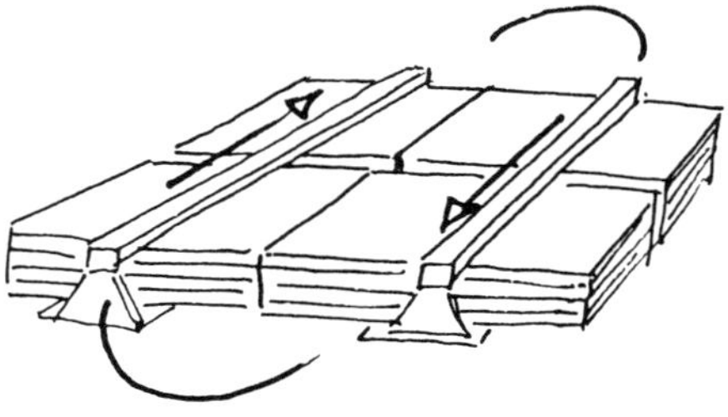

Etwas schwerer wird es, wenn
der Banksteg ein wenig über
die Matten hinausragt.
Geübt wird an der Station,
später im Kreisdurchgang.

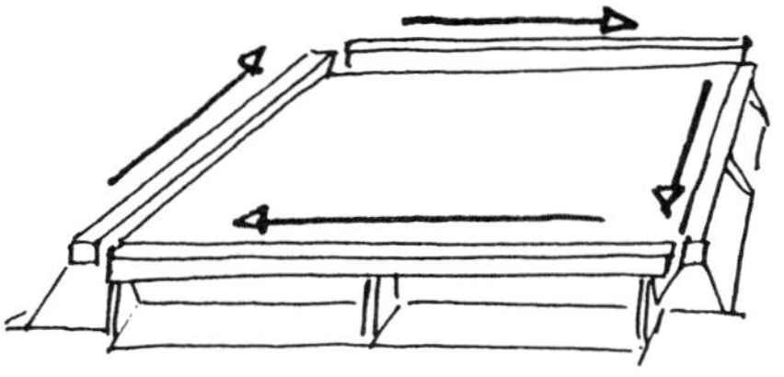

Noch mehr Können ist nötig, bevor diese Anlage aufgebaut wird:
Vier Bänke umrahmen einen Weichboden.
Auch hier können wir an der Station und später im Kreisdurchgang üben.

Ein Kreisdurchgang mit unterschiedlich schweren Aufgaben.

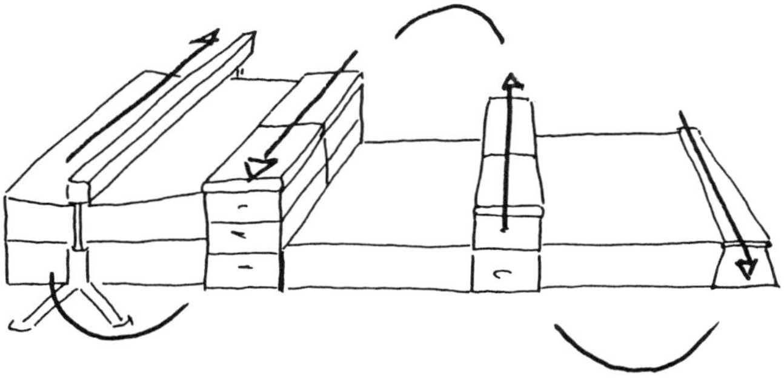

Vier unterschiedliche Anlagen
für differenziertes Leistungsvermögen

3.3 Rollen

Rollen werden am Beginn des Lernprozesses am Boden geturnt und dann auf andere Geräte übertragen. Rollen kann man vor- und rückwärts, am Boden, über Hindernisse oder frei durch die Luft turnen.
Die Fähigkeit zum Rollen ist die Voraussetzung für den gern gesprungenen Salto, der als Sprung am Boden vorwärts oder rückwärts und als spektakulärer Abgang vom Reck, vom Barren oder den Ringen geturnt werden kann.
Von den vielen Möglichkeiten haben wir uns mit der Rolle rückwärts in den Handstand und dem Salto zwei grundlegende und mit dem Salto rückwärts am Boden sowie als Abgang von den Ringen und der Rolle rückwärts am Barren gern geturnte Fertigkeiten herausgesucht.
Auch die methodischen Wege zur Vermittlung dieser Fertigkeiten sind so interessant, daß es nichts ausmacht, wenn die Zielübungen nur von wenigen erreicht werden.

3.3.1 Rolle rückwärts durch den Handstand

Zur Vorbereitung wiederholen wir die Rolle rückwärts

...durch den hohen Stütz...

...durch den hohen Stütz in den Grätschstand.

Aufrollen in die Kerze mit
Handfassung neben dem Kopf

Dieselbe Übung mit Helfern
Die Helfer ergreifen den Übenden frühzeitig mit Klammergriff am Oberschenkel und begleiten die Bewegung bis zur Kerze.

Rolle rückwärts in den flüchtigen Handstand nach mehrmaligem Anrollen in die Kerze
Hilfestellung:
Zwei Helfer mit Klammergriff am Oberschenkel

Rolle rückwärts in den flüchtigen Handstand

ROLLE RÜCKWÄRTS DURCH DEN HANDSTAND

Absenken in den Sitz
mit den Händen abfangen

Aufsetzen der Hände
neben den Ohren

Aufstrecken des Körpers
mit zügigem Nachdrücken
aus den Armen

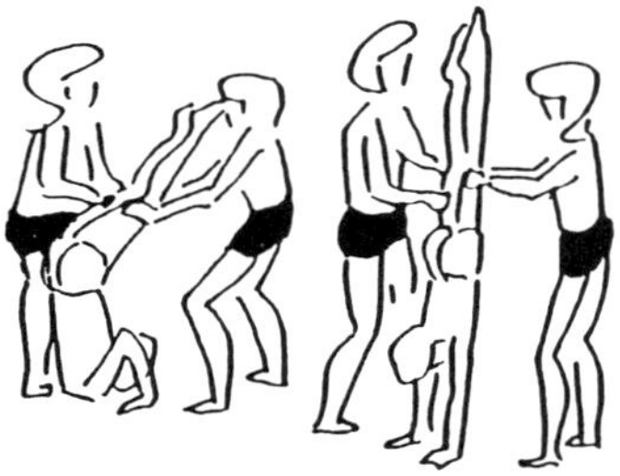

Hilfestellung:

Zwei Helfer mit Klammergriff am Oberschenkel

Wichtig:

Frühzeitiges Erfassen des Übenden

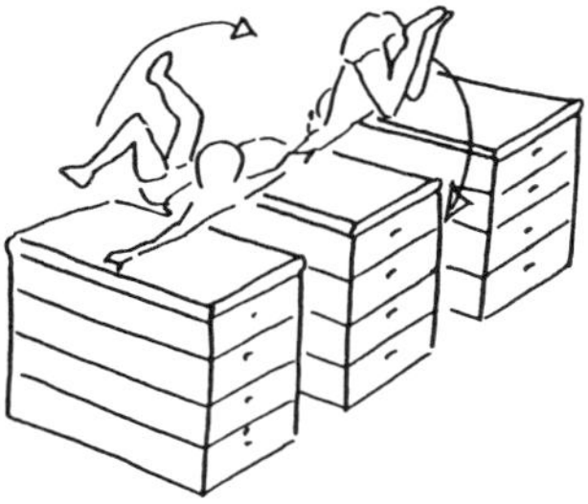

3.3.2 Oberarmrolle rückwärts am Barren

Oberarmrolle rückwärts an der Kastengasse mit Abstoß vom kleinen Kasten...

...mit Abstoß vom schräg eingestellten Sprungbrett

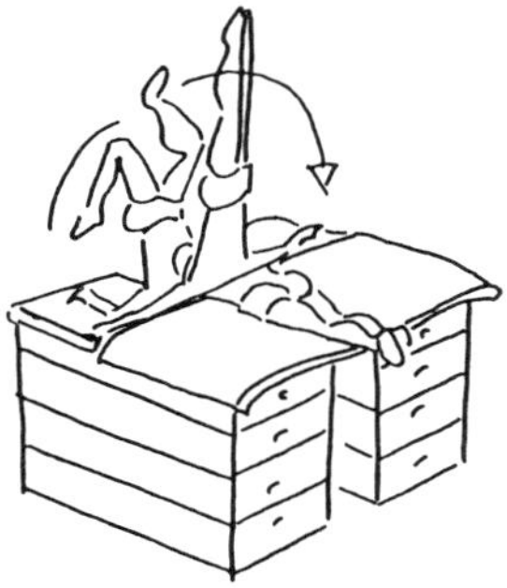

Oberarmrolle rückwärts in der Kastengasse in die Bauchlage auf einer Matte

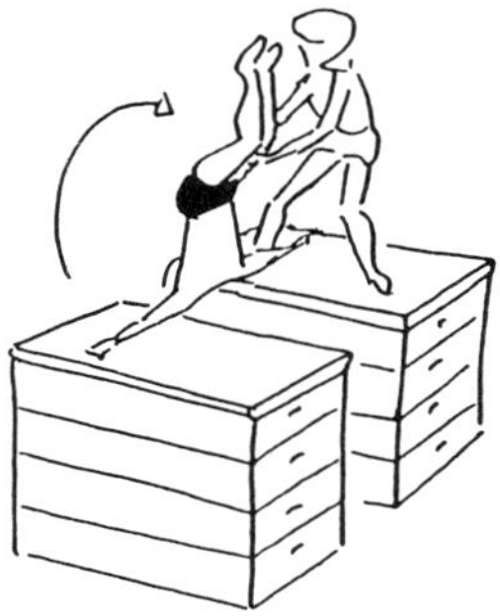

Hilfestellung:
Ein (oder zwei) Helfer mit Klammergriff am Oberschenkel. Der Übende muß frühzeitig ergriffen werden.

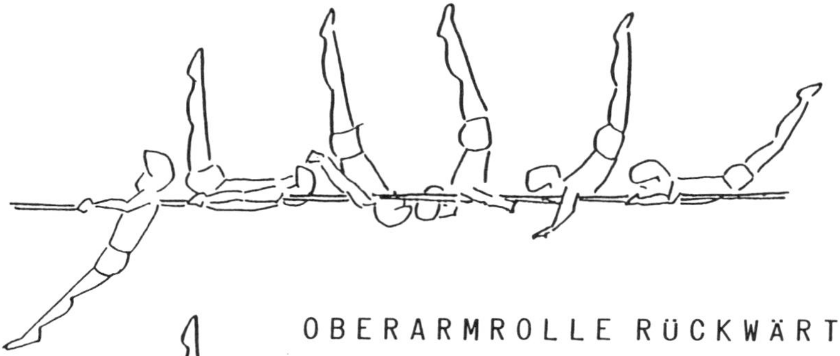

O B E R A R M R O L L E R Ü C K W Ä R T S

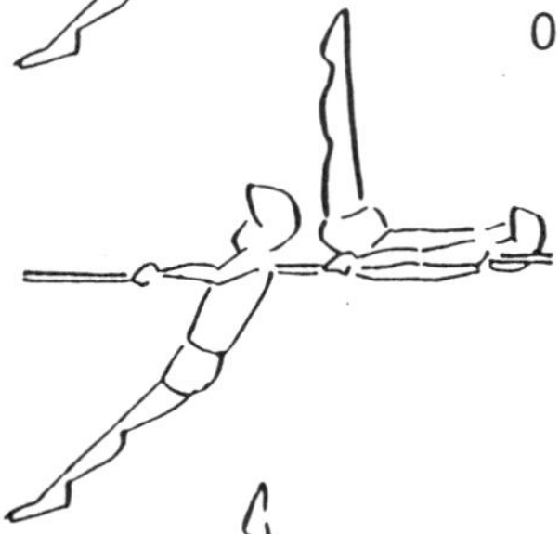

Vor - Aufschwingen mit
festem Griff und
gebeugter Hüfte

Griff lösen

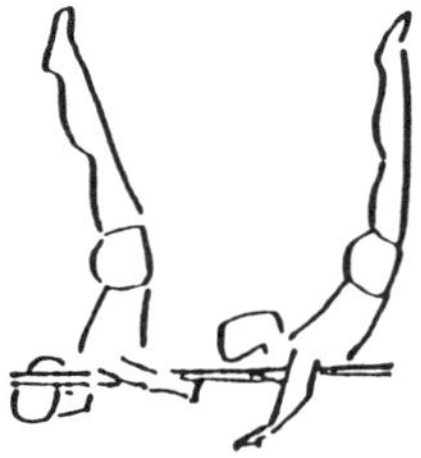

mit schnellkräftiger
Streckbewegung:
Blick zum Boden -
Hüfte vor

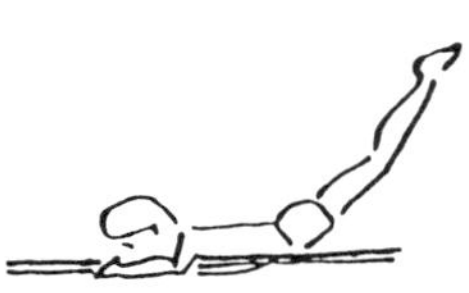

mit festem Griff
in die Holmengasse
einschwingen

OBERARMROLLE
RÜCKWÄRTS

HILFESTELLUNG

Frühzeitiges Erfassen
mit Klammergriff
am Oberschenkel

bis in die Streckung
begleiten

und langsam in die
Holmengasse senken

Oberarmrolle in der schrägen Kastengasse

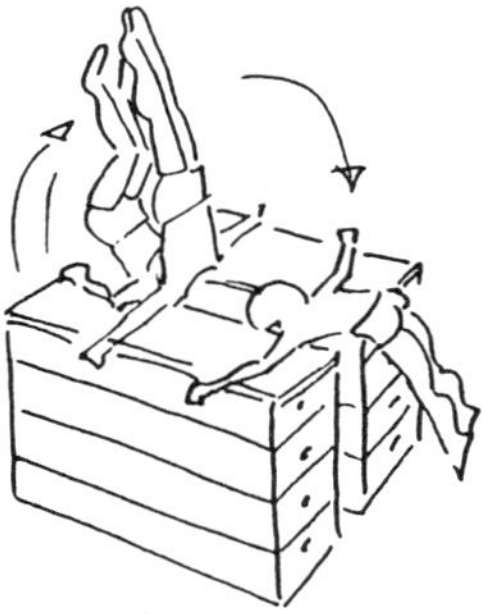

Oberarmrolle rückwärts in der Kastengasse mit Aufstrecken des Körpers
<u>Hilfestellung</u>:
Ein (oder zwei) Helfer mit Klammergriff am Oberschenkel

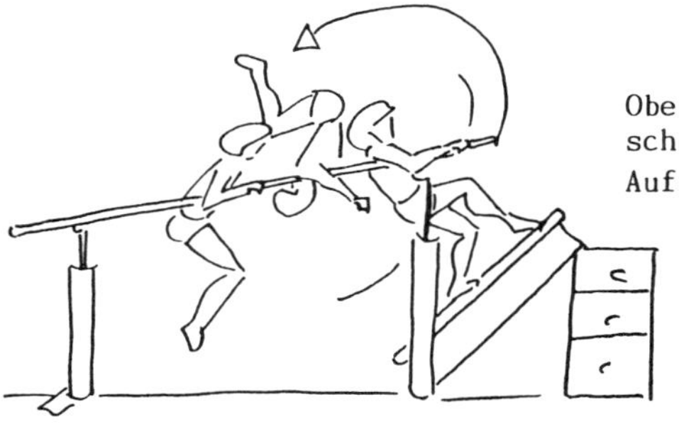

Oberarmrolle rückwärts am schräg gestellten Barren mit Aufstieghilfe

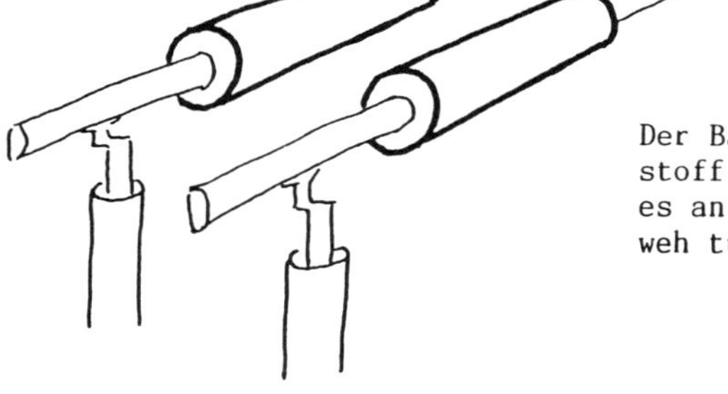

Der Barrenholm kann mit Schaumstoff verkleidet werden (damit es an den Oberarmen nicht weh tut!).

Hilfestellung:
Ein (oder zwei) Helfer mit Klammergriff am Oberschenkel. Die Helfer stehen erhöht und ergreifen den Übenden frühzeitig mit Klammergriff am Oberarm.

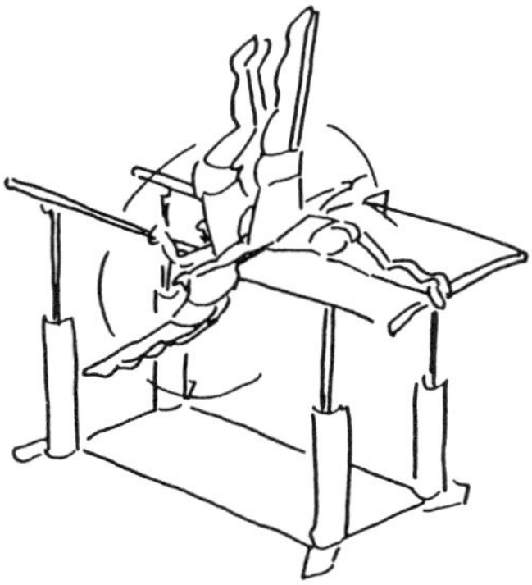

Oberarmrolle rückwärts in die Bauchlage auf einer Matte

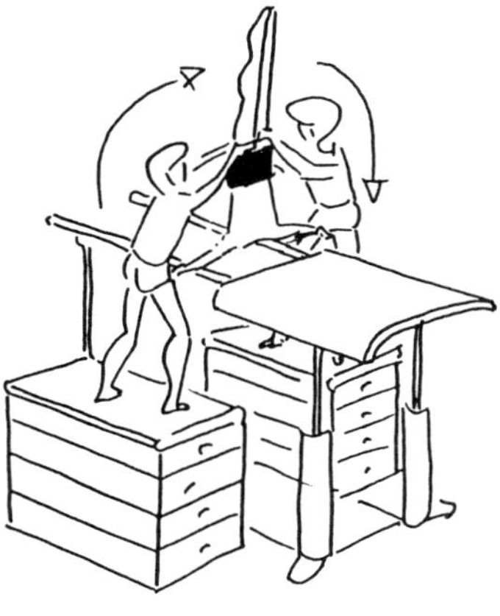

Hilfestellung:
Zwei erhöht stehende Helfer fassen den Übenden mit Klammergriff am Oberschenkel.

Oberarmrolle rückwärts nach Einsprung von einem kleinen Kasten

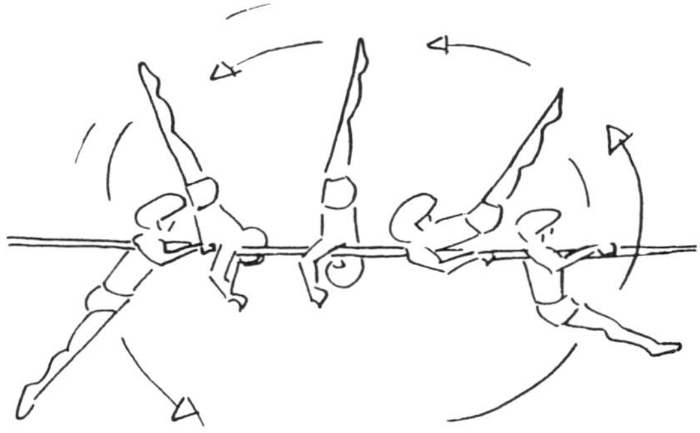

Zielübung:
Oberarmrolle rückwärts aus dem Oberarmschwingen

Vorschläge für den Geräteaufbau und die Organisation des Unterrichtes

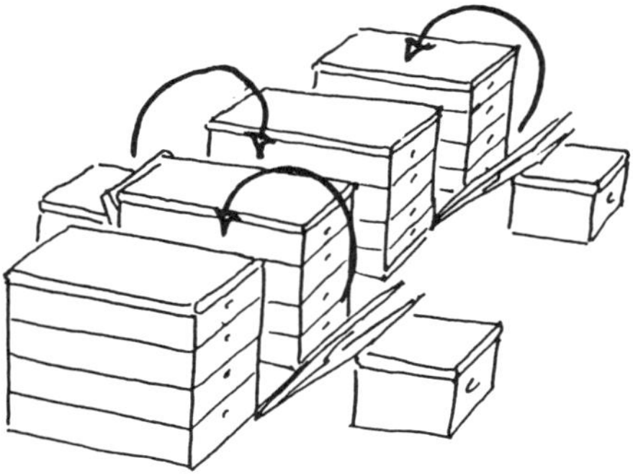

Vier Kästen ergeben drei Anlagen.

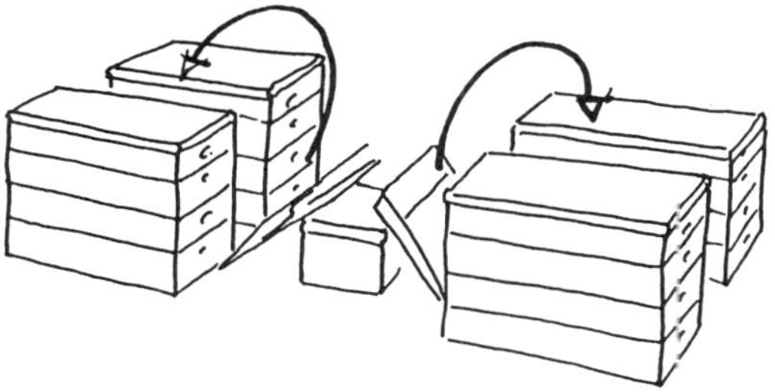

Von der Mitte
nach außen
an zwei Kastengassen

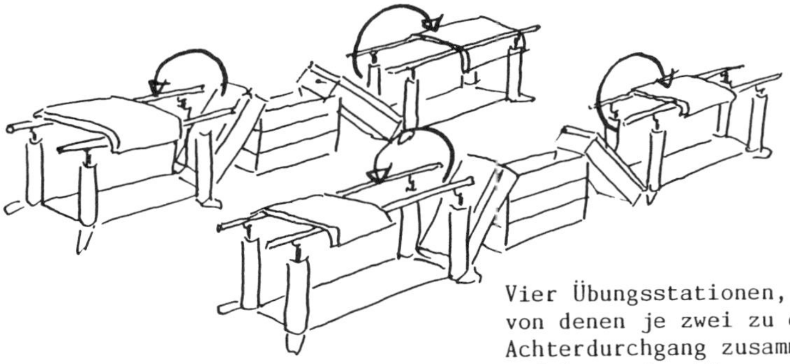

Vier Übungsstationen,
von denen je zwei zu einem
Achterdurchgang zusammengefaßt werden können

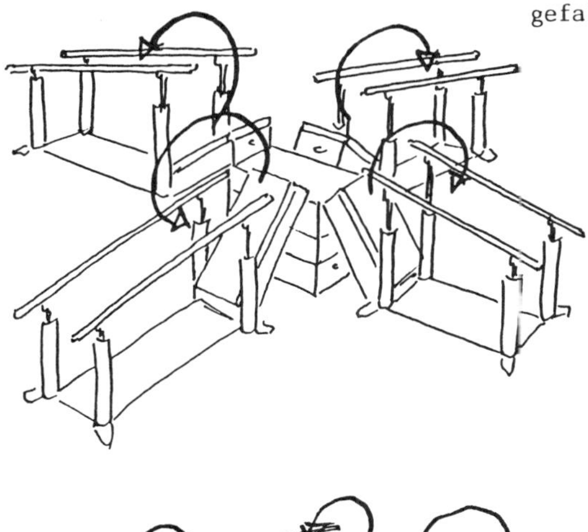

Vier Barren im Stern -
stationäres Turnen von
der Mitte nach außen
oder Durchgang im Kreis

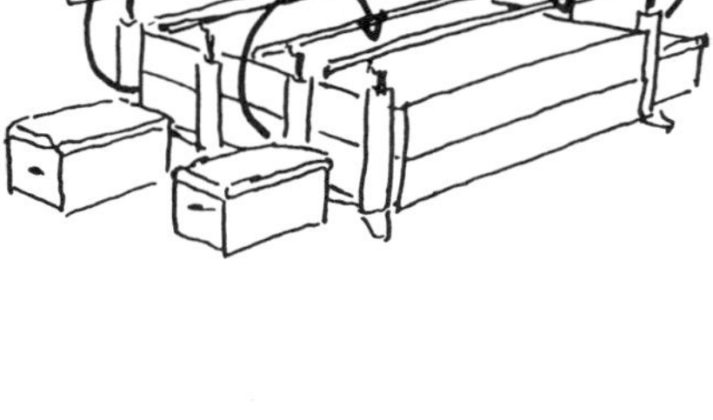

Vier "ganz weiche" Anlagen -
stationäres Üben
oder Üben im Kreisdurchgang

3.3.3 Salto vorwärts (Luftrolle vorwärts)

Aufrollen in den Stand auf dem längsgestellten Kastenhügel

Aufrollen in den Sitz auf dem quergestellten Kastenhügel

Über den Doppelkasten darf man keine flüchtige Rolle turnen lassen! (Vorsicht: Rückenschädigung möglich!)

Rolle über den mit einer Matte abgedeckten Querkasten
Die Rolle wird allmählich flüchtig geturnt.

Flüchtige Rolle über den schmalen Banksteg

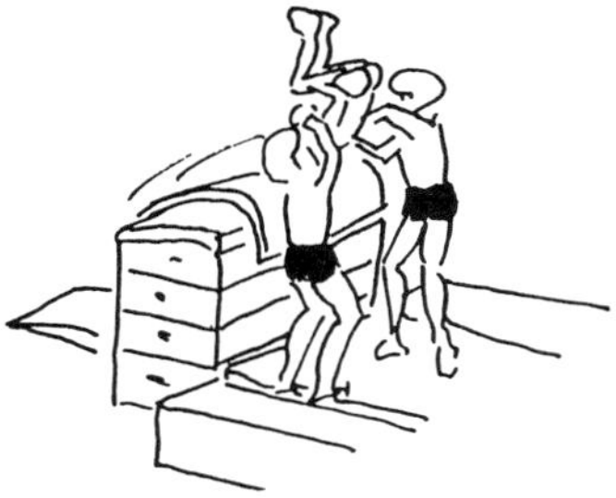

Freier Salto über
den Querkasten -
Zwei Helfer sichern
mit Klammerdrehgriff
am Oberarm.

Zielübung:

Freier Salto

Das Doppelsprungbrett
bringt mehr
Flughöhe.

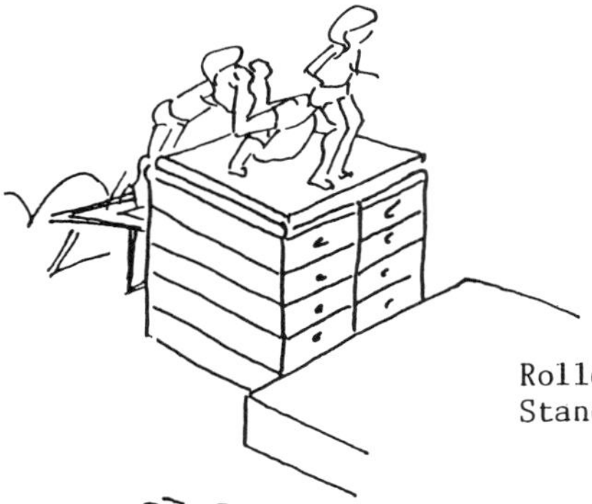

Die gleiche Übungsreihe
mit dem Minitrampolin
und etwas erhöhten
Doppelkästen:

Rolle vorwärts in den
Stand auf dem hohen Doppelkasten

Rolle vorwärts
zum Sitz am
Ende des hohen Doppelkastens

S A L T O V O R W Ä R T S

Armschwung
beim Absprung
von hinten - unten
nach vorn - oben

Im Fluge klein machen
durch Einrollen

Beine zur Landung
ausstrecken

SALTO VORWÄRTS
HILFESTELLUNG

<u>Sprungrolle:</u>

Klammerdrehgriff
am Oberarm

bis zum Aufsprung festhalten

<u>Salto mit Begleitung:</u>

Die zweite Hand greift
an den Oberarm
des Übenden.

<u>Freier Salto:</u>

Drehhilfe im Nacken

oder

Klammerdrehgriff
am Oberkörper

Freier Salto über
den quergestellten Kasten

Freier Salto über den
schmalen Banksteg

Zwei Helfer erfassen
den Übenden mit
Klammerdrehgriff
am Oberarm.

Zielübung:

Freier Salto

Salto mit zwei Helfern, die mit ihren Armen eine Rollebene anbieten.

Salto vorwärts mit zwei Helfern als Begleitung
Die Helfer geben an der Schulter eine Drehhilfe und halten den Übenden bis zum sicheren Stand.

Vorschläge für den Geräteaufbau und die Organisation des Unterrichtes

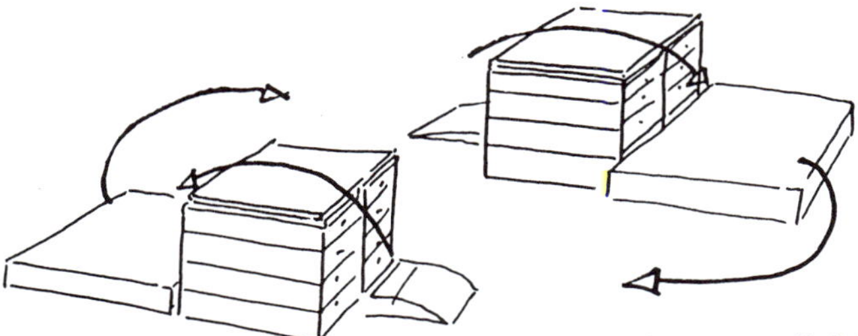

Nach ersten Erfahrungen an der Station üben wir das Aufrollen im Kreisdurchgang.

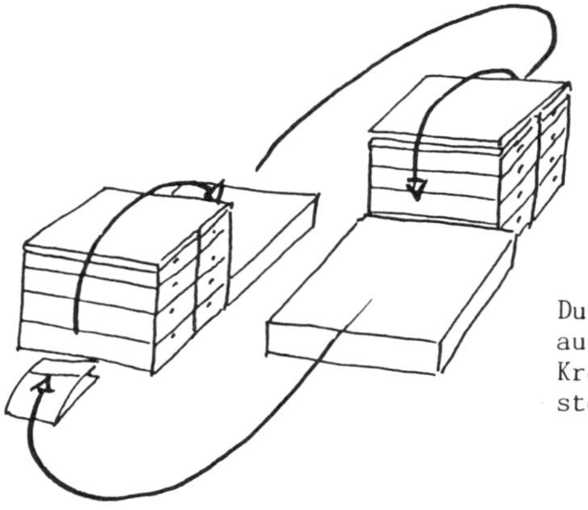

Durch Umstellen kann aus diesem Aufbau der Kreisdurchgang am Querkasten hergestellt werden.

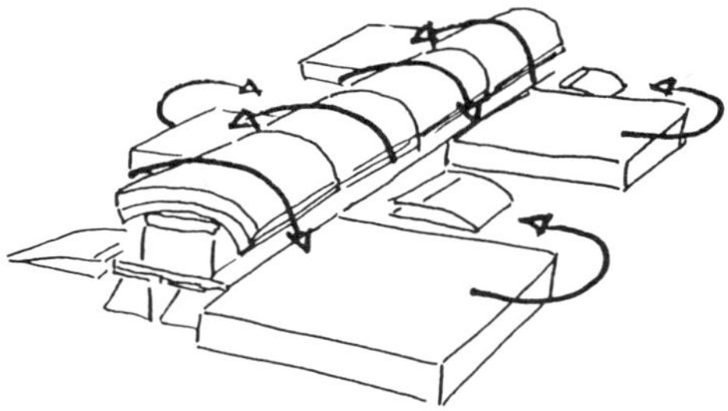

Durchgang im Strom am Bankaufbau ...

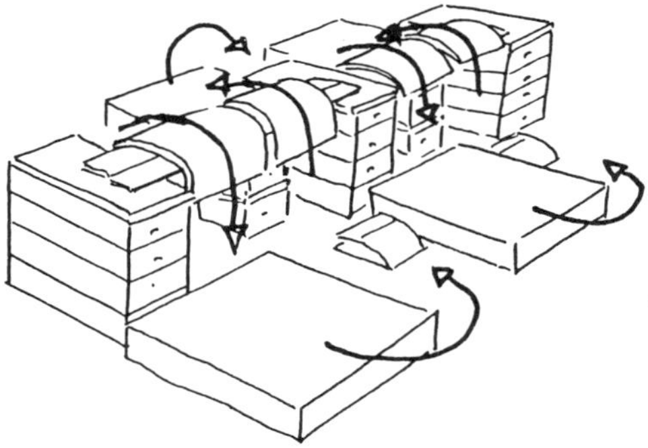

...an schmalen Bankstegen

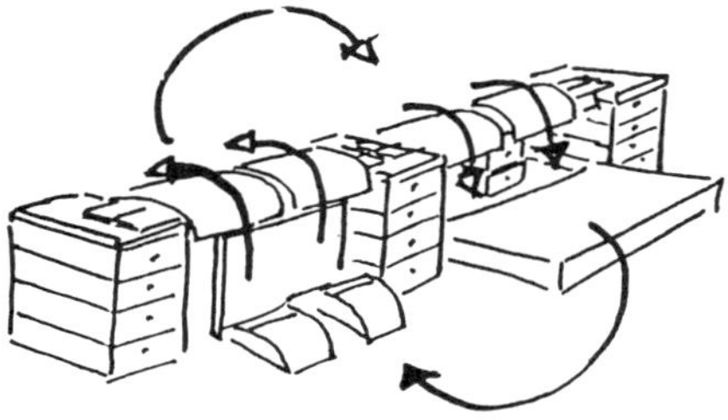

Kreisdurchgang an Bankstegen

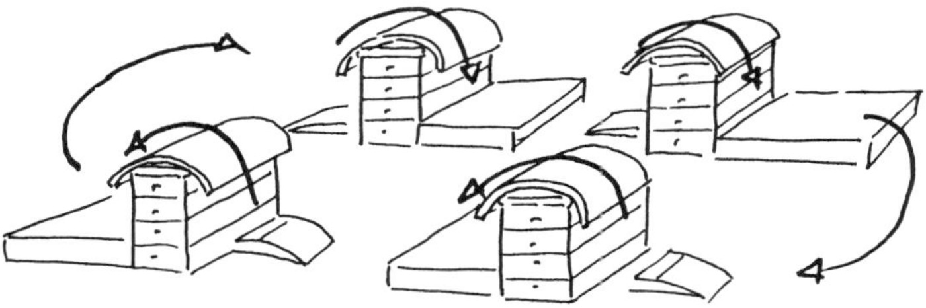

Vier Kästen ermöglichen einen großen Kreisdurchgang.

3.3.4 Salto rückwärts als Abgang aus dem Schwingen an den Ringen

Überrollen in den Stand mit Griff an zwei Tauen

Überrollen aus dem leichten Vorpendeln
<u>Hilfestellung</u>:
Zwei Helfer fassen den Übenden mit Klammergriff an den Oberarmen.

Überrollen rückwärts an den stehenden Ringen

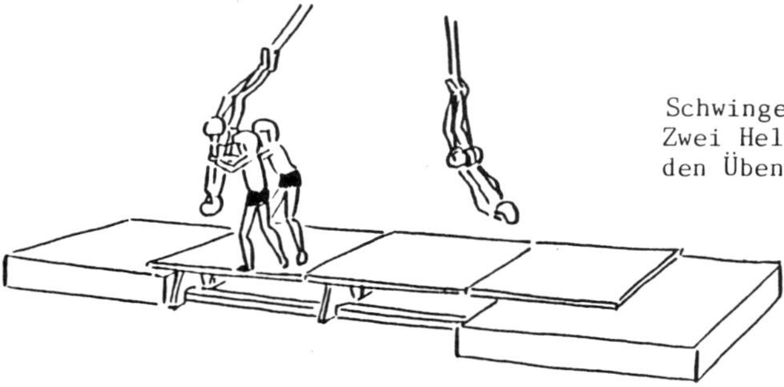

Schwingen im Nesthang
Zwei Helfer schieben
den Übenden an.

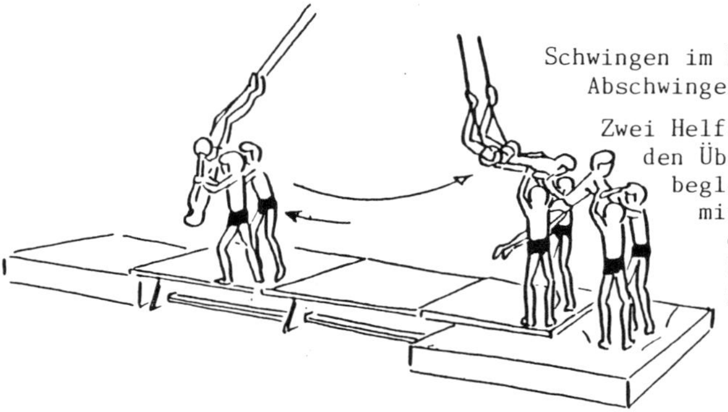

Schwingen im Nesthang mit
Abschwingen in den Stand

Zwei Helfer schieben den Übenden an und begleiten ihn (Fassen mit Klammergriff an den Oberarmen) bis zum sicheren Stand.

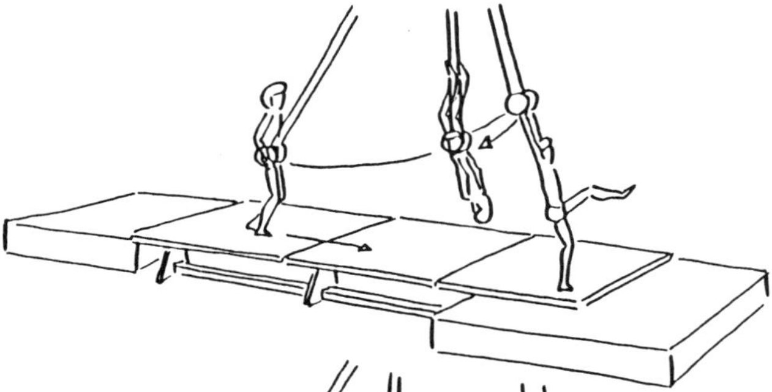

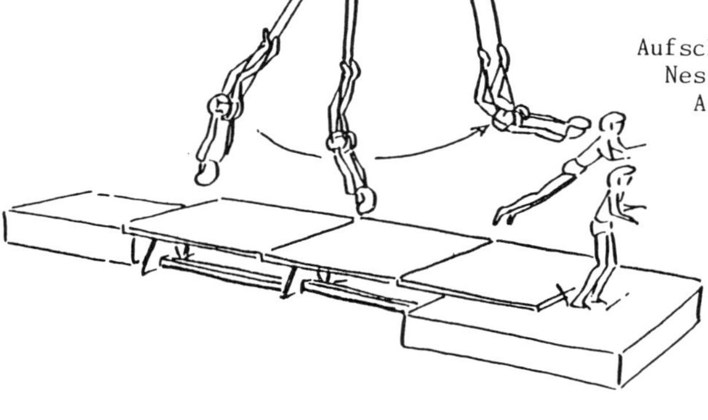

Aufschwingen in den Nesthang und Abschwingen in den Stand

<u>Hilfestellung:</u>
Zwei Helfer fassen mit Klammergriff an den Oberarmen.

Durchlaufen an den hüfthohen Ringen mit Salto rückwärts in den Stand

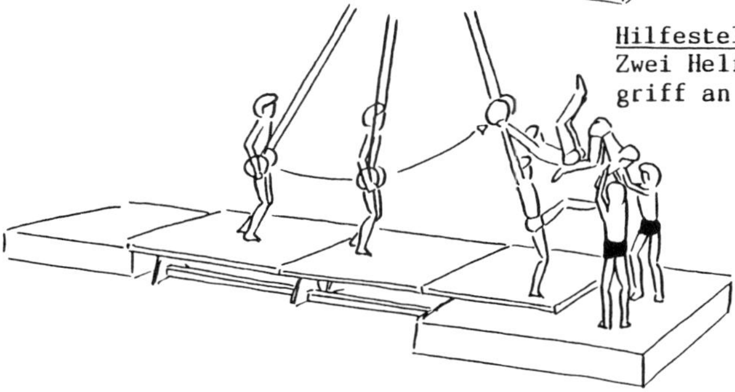

Hilfestellung:
Zwei Helfer fassen mit Klammergriff an den Oberarmen.

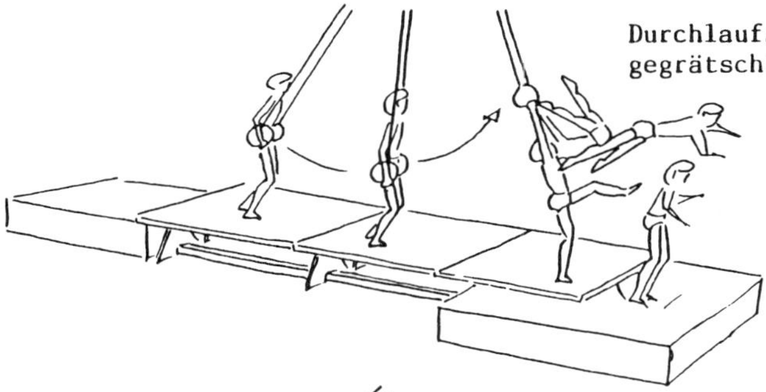

Durchlaufsalto rückwärts mit gegrätschten Beinen

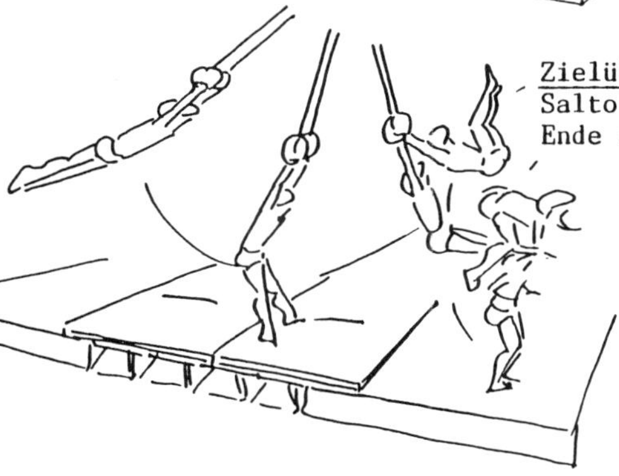

Zielübung:
Salto rückwärts gehockt am Ende des Vorschwunges

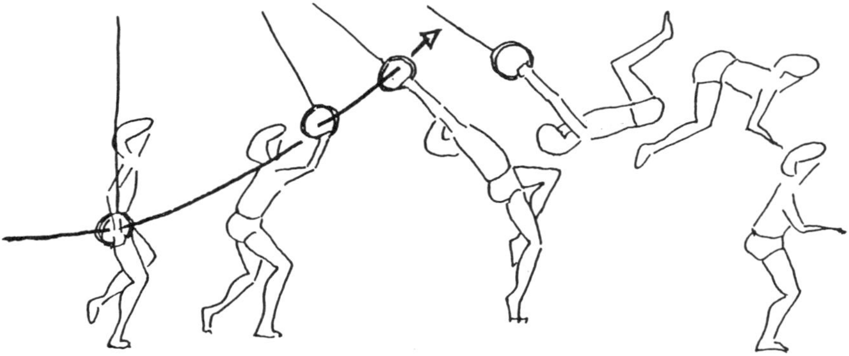

DURCHLAUFSALTO

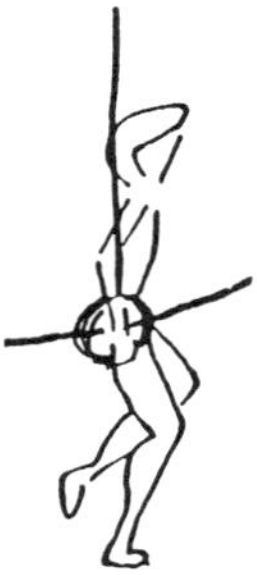

Vorlaufen zwischen
den hüfthohen Ringen

bis in die Bogenspannung

Klimmen und
schnellkräftiges Anhocken
der Beine mit
Zurücknehmen des
Kopfes und
Lösen des Griffes

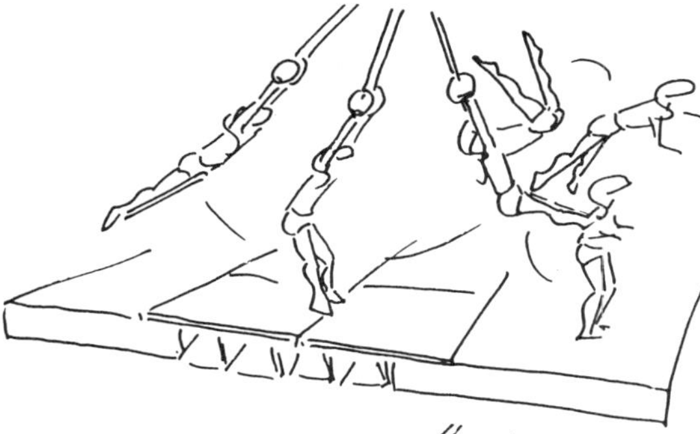

Salto rückwärts gegrätscht

Salto rückwärts gestreckt

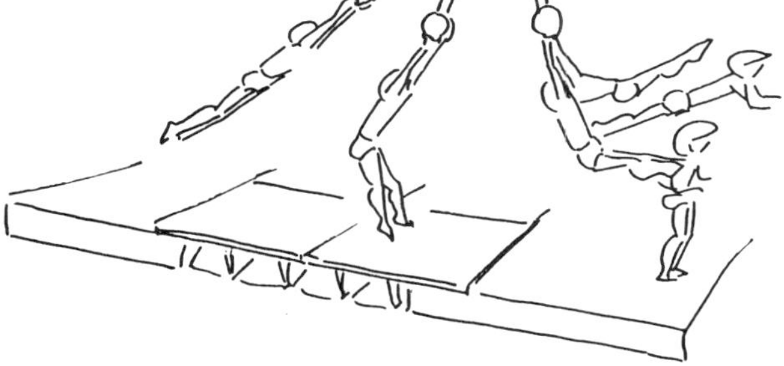

Vorschläge für den Geräteaufbau und die Organisation des Unterrichtes

Weichböden, Bänke und Matten bilden eine sichere Landefläche auf nahezu einer Ebene.

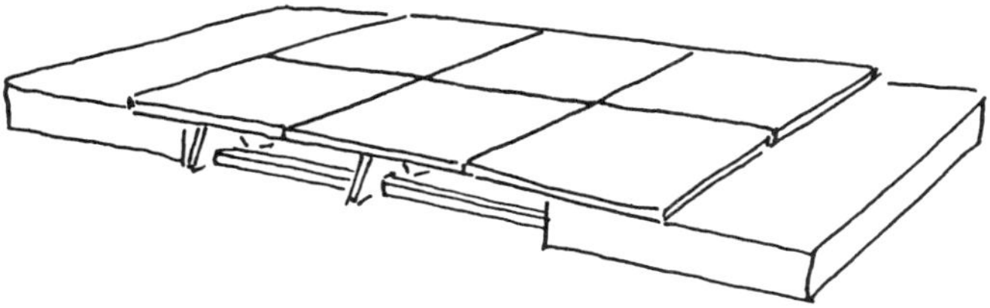

Die Bänke längs-...

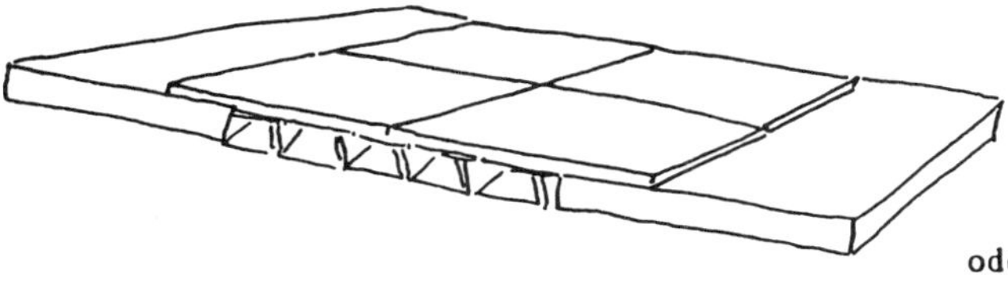

oder quergestellt.

3.3.5 Salto rückwärts (am Boden)

Wir wiederholen die Rückwärtsbewegung mit Laufen an der Wand...

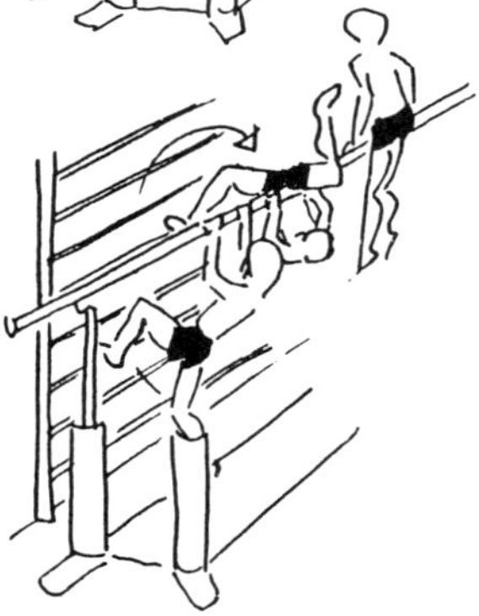

...oder an der Sprossenwand

Auflaufsalto rückwärts an der Sprossenwand mit zwei Helfern

Auflaufsalto an der Kastenstufe
<u>Hilfestellung</u>:
Zwei Helfer fassen mit Klammergriff an den Oberarmen.

Wurfsalto rückwärts
Hilfestellung:
Zwei Helfer fassen mit Klammergriff an den Oberarmen.

Salto rückwärts aus dem Einsprung in das Minitrampolin

Hilfestellung:
Zwei Helfer mit Hosengriff und Drehhilfe am Oberschenkel...

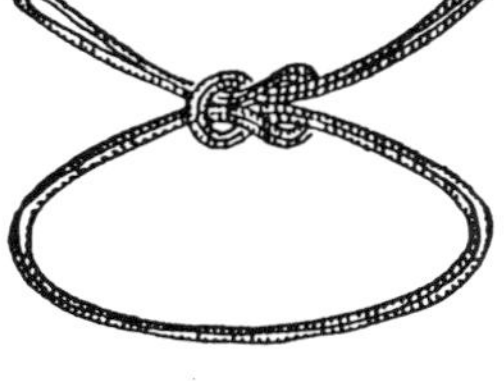

...oder der Übende wird mit der Seilschlaufe gehalten.

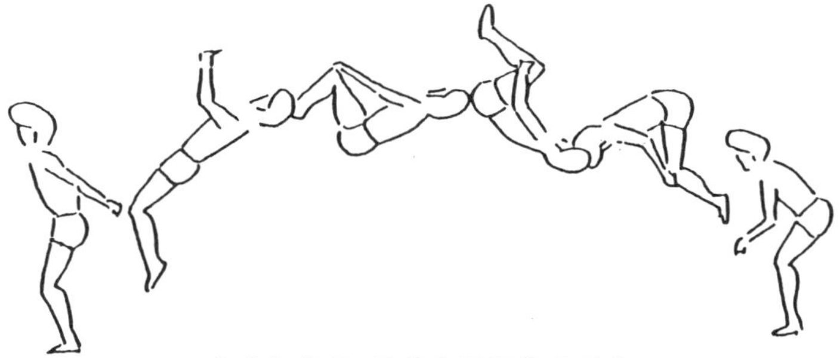

SALTO RÜCKWÄRTS

Kräftiger Absprung nach hinten - oben mit Zurücknehmen des Kopfes

und Anziehen der Knie, die von den Händen umgriffen werden

Hilfestellung:

a) Zwei Helfer mit je einer Hand am Hosenbund und einer Hand zur Drehhilfe am Oberschenkel (Hosengriff)

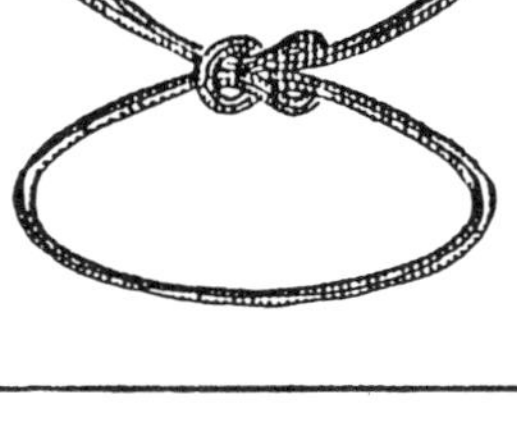

b) wie vorher, nur ist dem Übenden ein Seil um die Hüfte gebunden (Seilgriff)

3.4 Überschlagen

Das Überschlagen gehört zu den attraktiven Aufgabenstellungen im Gerätturnen. Kunststücke, bei denen man von den Händen wieder auf die Füße gelangt, bilden eine besondere Faszination. Überschläge gibt es in unterschiedlichen Variationen seitwärts, vorwärts und rückwärts. Aus der Vielfalt der Übungen haben wir die Radwende (seitwärts), den Nackenüberschlag und den Handstandüberschlag (vorwärts) sowie den Flickflack (rückwärts) ausgewählt.
Für alle Überschläge, die über den Handstütz ablaufen, ist der Handstand eine wichtige Voraussetzung (vgl. auch den Abschnitt "Balancieren"); Vorbedingung für den Nackenüberschlag ist die Rolle, für das Rad die Radwende.
Überschläge können am Boden, über Hindernisse und von hohen Geräten herunter geturnt werden. Werden Überschläge von Erhöhungen geturnt, ist mit dem Handstand auf gleicher Höhe zunächst einmal das nowendige Vertrauen in die besondere Aufgabenstellung zu schaffen.

3.4.1 Radwende

Radwende vom erhöhten Steg
Die Erhöhung ermöglicht eine längere Flugphase

Radwende von einer Erhöhung über einen Medizinball

RADWENDE

Aus dem Auftaktschritt
ansetzen wie zum Rad

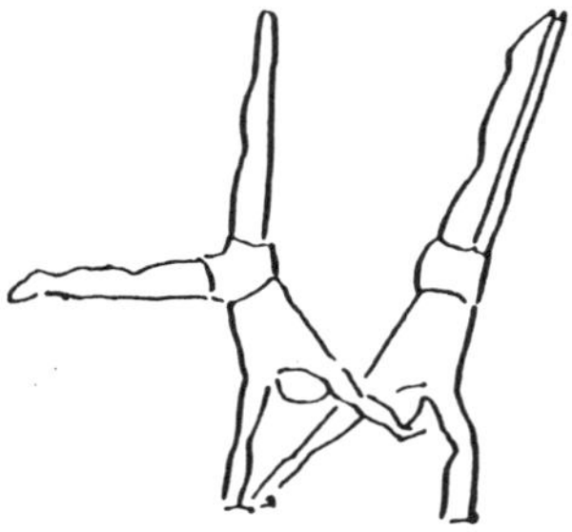

Beine über der
zweiten Hand schließen

Landung auf
beiden Beinen mit
Blick zur
Ausgangsstellung

"Radwende - Hochsprung" über eine Leine

Radwende von einem Kasten

Radwende mit Auftaktschritt von einem verlängerten Kasten

Radwende von einem hohen Kasten

...über eine aufgewölbte Matte

...von einem Mattenhügel

...von einem Kastenhügel

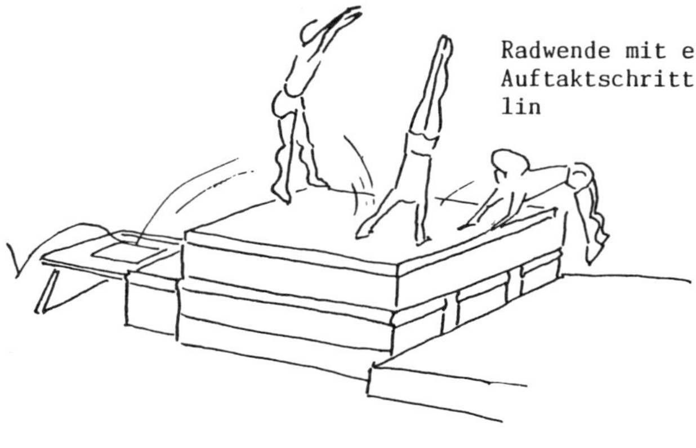

Radwende mit eingesprungenem Auftaktschritt vom Minitrampolin

Eine interessante Variation:
Das Rad

Radwende eine
Stufe treppauf...

...zwei Stufen treppauf

"Radwende-Hochsprung" - das
ist nicht leicht: treppauf
über eine Leine

Vorschläge für den Geräteaufbau und die Organisation des Unterrichtes

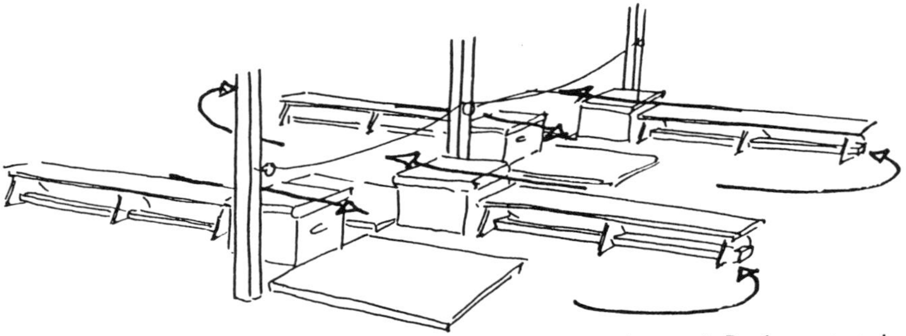

An zwei Recks entstehen vier Stationen, die auch im Strom durchturnt werden können.

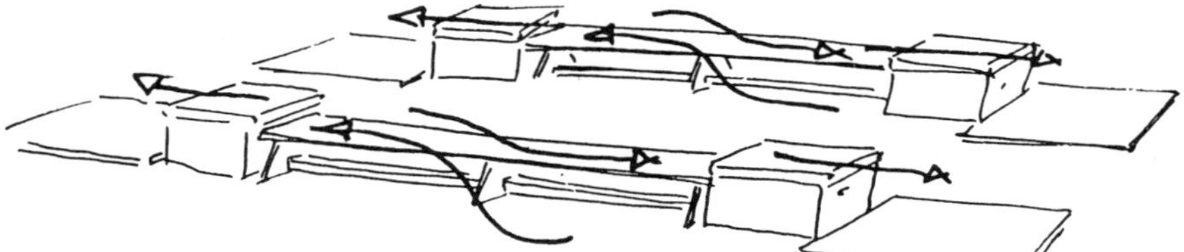

Hier kann an den Bankenden und auch an jeder Bank in der Acht geübt werden.

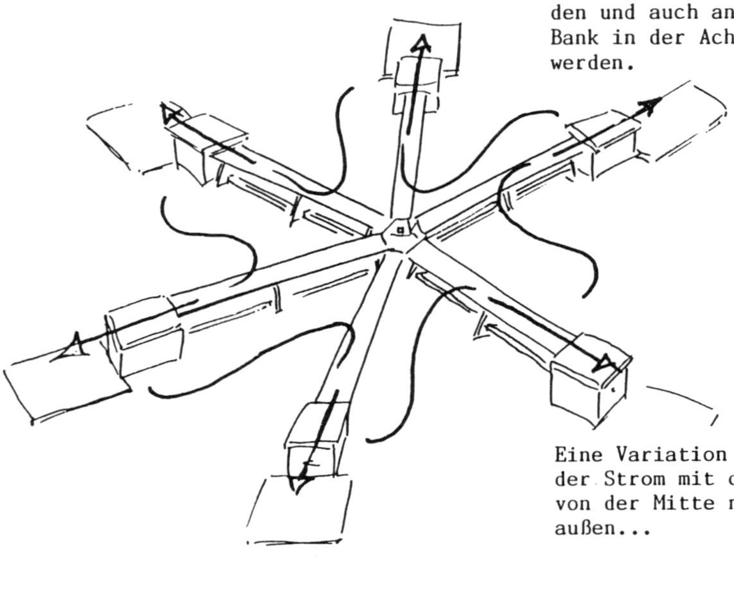

Eine Variation bietet der Strom mit dem Üben von der Mitte nach außen...

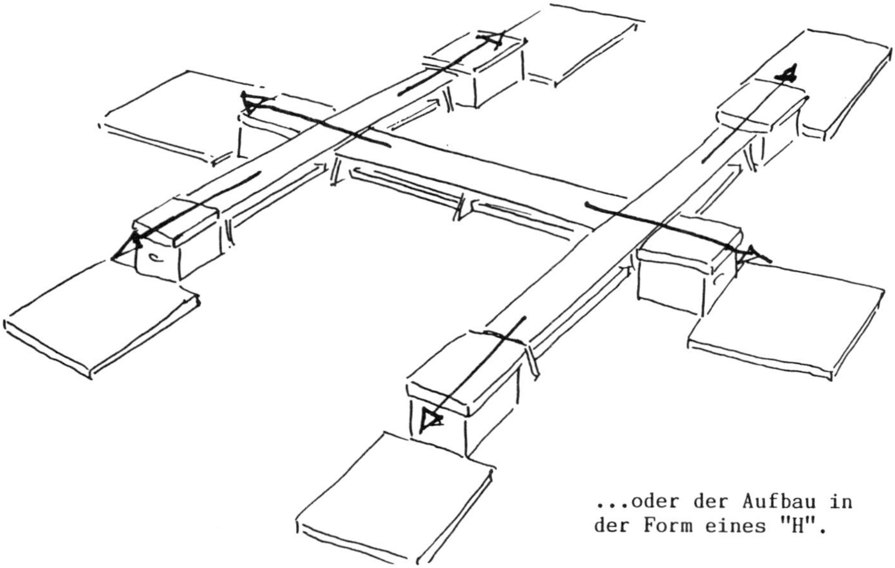

...oder der Aufbau in
der Form eines "H".

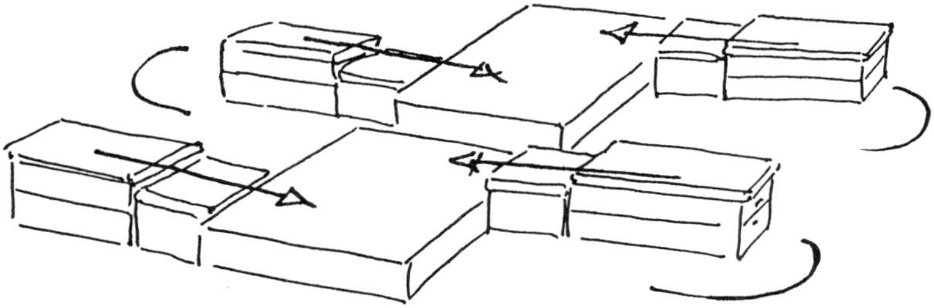

Üben an Stationen -
oder in kreislauffördern-
der Bewegung im Strom

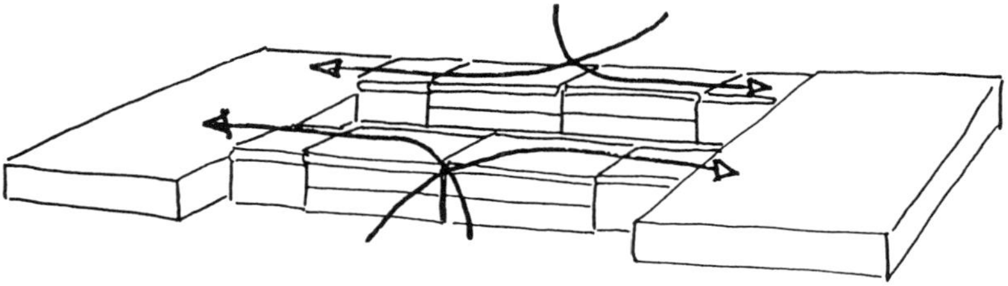

Als Variation an jedem
Kastensteg in Form einer
"Acht"

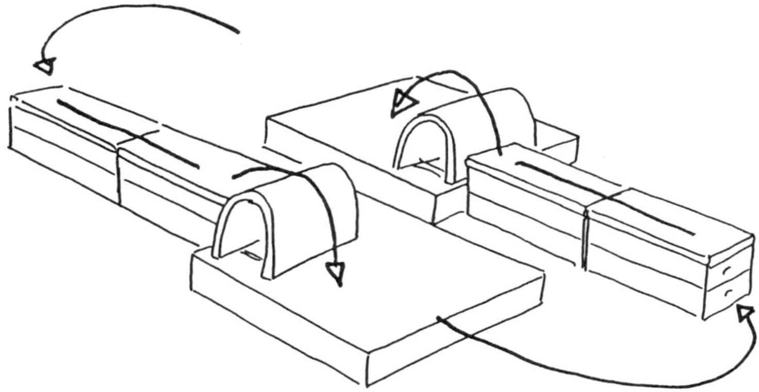

Nach diesen Erfahrungen bieten wir den Kreisdurchgang an.

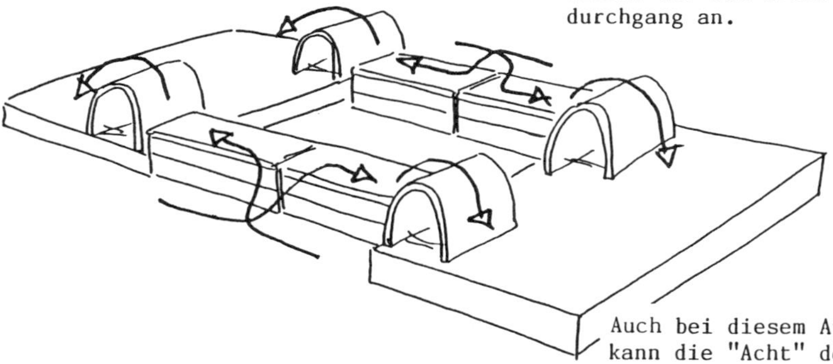

Auch bei diesem Aufbau kann die "Acht" den Unterricht bewegungsreich auflockern.

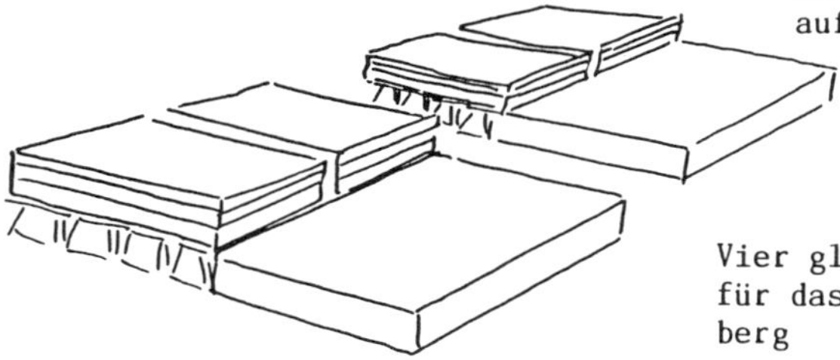

Vier gleiche Stationen für das Üben vom Mattenberg

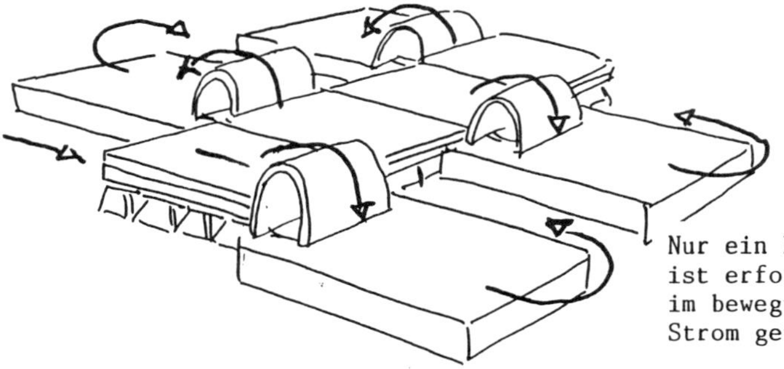

Nur ein kleiner Umbau ist erforderlich, damit im bewegungsreichen Strom geübt werden kann.

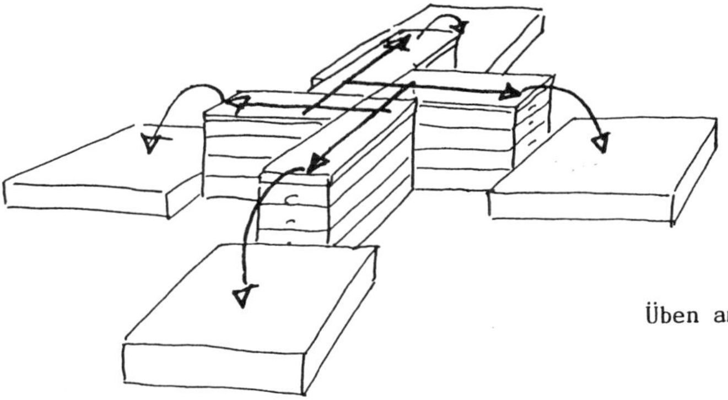

Üben am Kastenkreuz

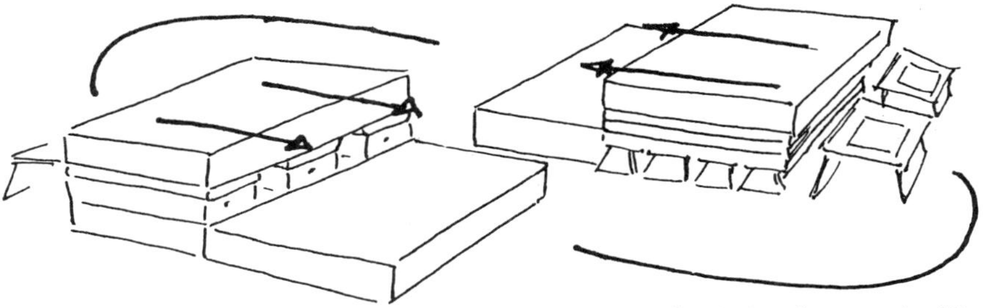

Kreisdurchgang mit Minitrampolin

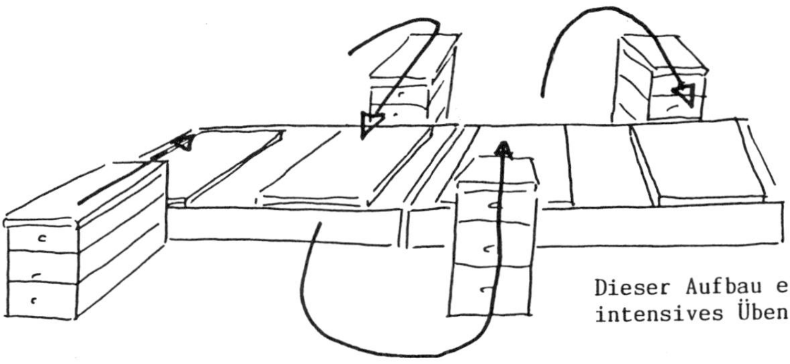

Dieser Aufbau ermöglicht intensives Üben im Strom.

3.4.2 Nackenüberschlag

Nackenüberschlag von einer Erhöhung
Der Mattenhügel aus Bänken, Kästen und Weichböden bildet eine "weiche" Treppe.

... oder vom Kastenhügel, eine gute Möglichkeit, wenn Matten auf die Kästen gelegt werden.

... von einer Erhöhung aus dem Strecksprung als Auftakt

... vom Längskasten
Die Höhe des Hügels wird jetzt reduziert.

Nackenüberschlag nach einem Strecksprung - Auftakt

... nach einem Strecksprung-Auftakt mit dem Minitrampolin

... über einen Kastenhügel nach Absprung von einem (zwei) Reutherbrett(ern) Die vorgestellten kleinen Kästen sind etwas niedriger als der große Kasten, damit die Aufsetzfläche gut zu sehen ist.

... über den Mattenhügel

Nackenüberschlag über den Kastenhügel

... über den Querkasten

Hilfestellung:
Zwei Helfer fassen mit Klammerdrehgriff am Oberarm

Vorschläge für den Geräteaufbau und die Organisation des Unterrichtes

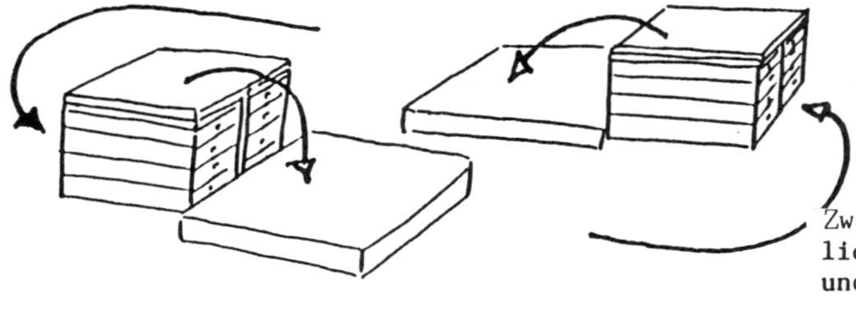

Zwei Doppelkästen ermöglichen stationäres Üben und Üben im Strom

Vorschläge für den Geräteaufbau und die Organisation des Unterrichtes

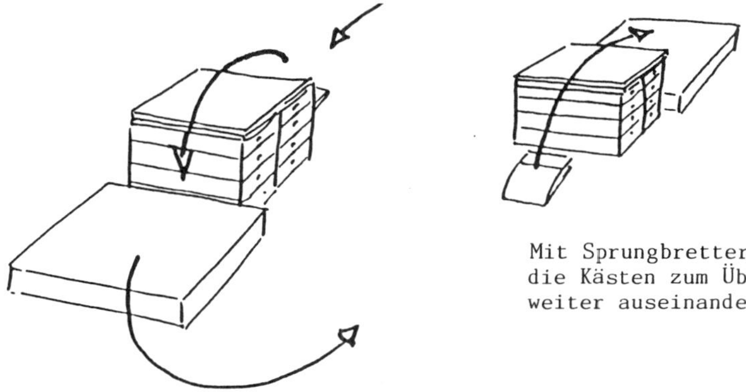

Mit Sprungbrettern stehen die Kästen zum Üben im Strom weiter auseinander.

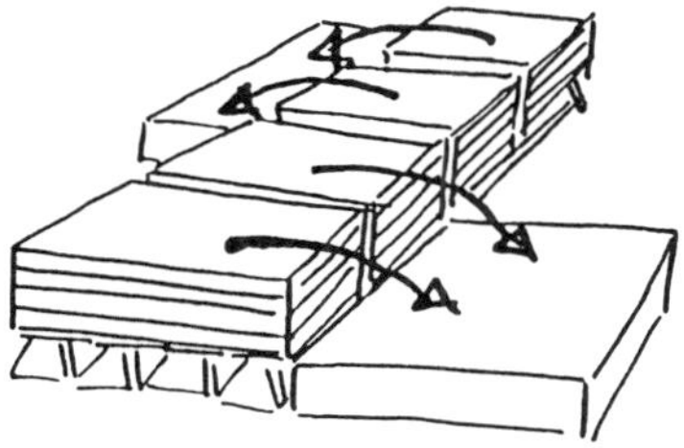

Vier "Mattenanlagen" stehen auf Bänken.

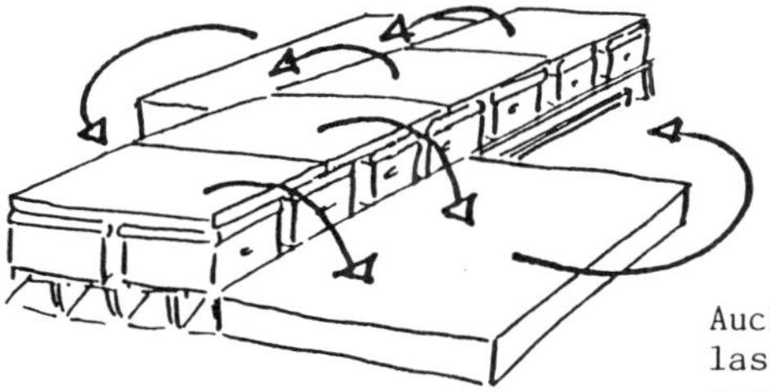

Auch mit kleinen Kästen und Matten lassen sich Sprunganlagen bauen - neue Wege in Teilkreisen!

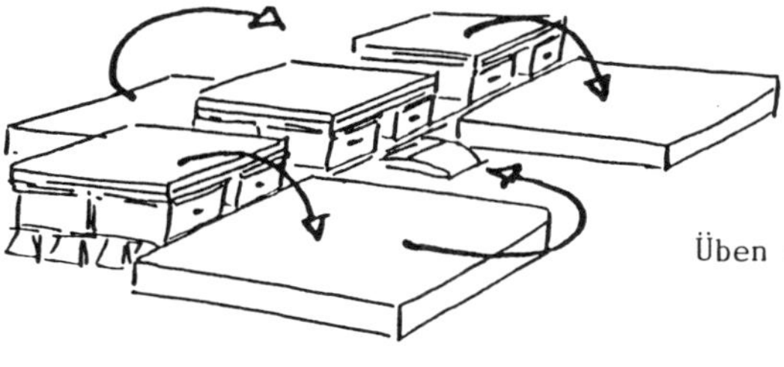

Üben im Strom an drei Sprunganlagen

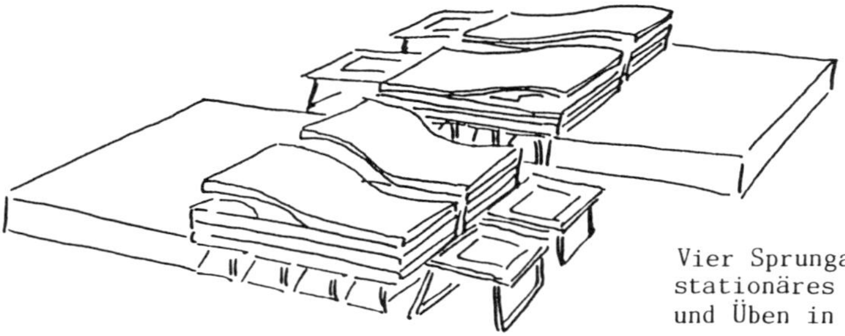

Vier Sprunganlagen ermöglichen
stationäres Üben
und Üben in Teilkreisen.

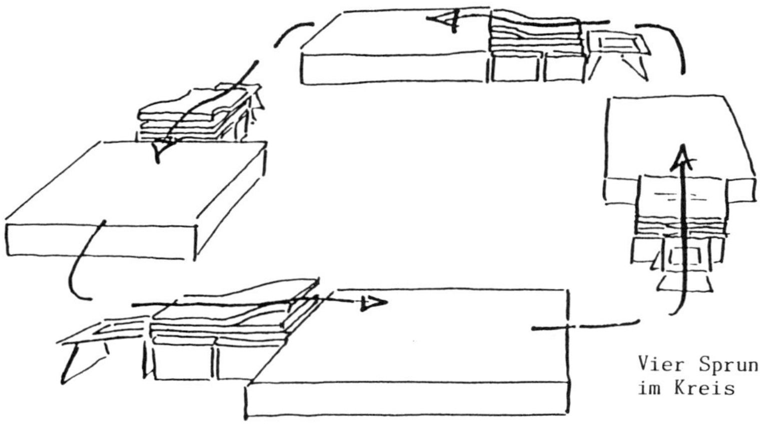

Vier Sprunganlagen
im Kreis

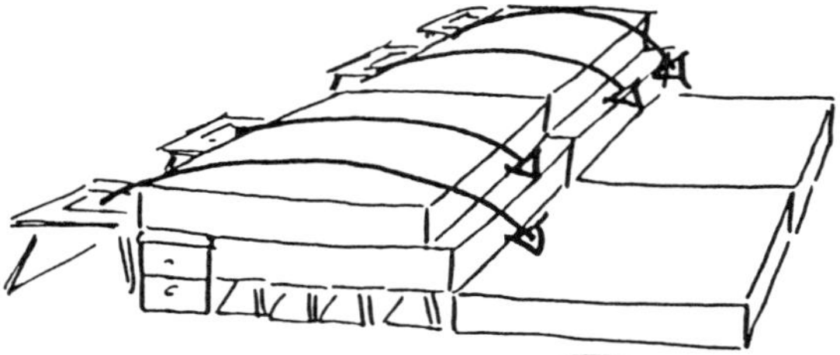

Die Weichböden liegen
versetzt - "weiches"
Landen ist möglich.

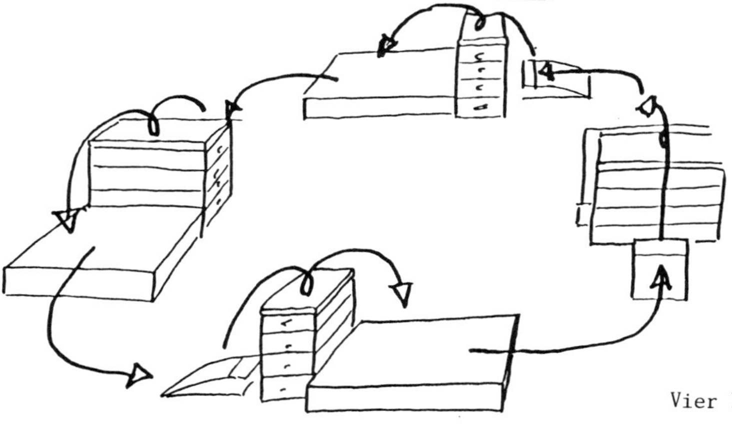

Vier Kästen im Kreis

3.4.3 Handstandüberschlag

Handstandüberschlag eine "weiche" Treppe hinab

Der Mattenberg kann ...

mit Bänken als Unterbau ...

oder nur mit Weichböden zusammengestellt werden.

Nach mehr Übung turnen wir am (höheren) Doppelkasten.

Hilfestellung:
Zwei Helfer fassen mit Klammergriff am Oberarm.

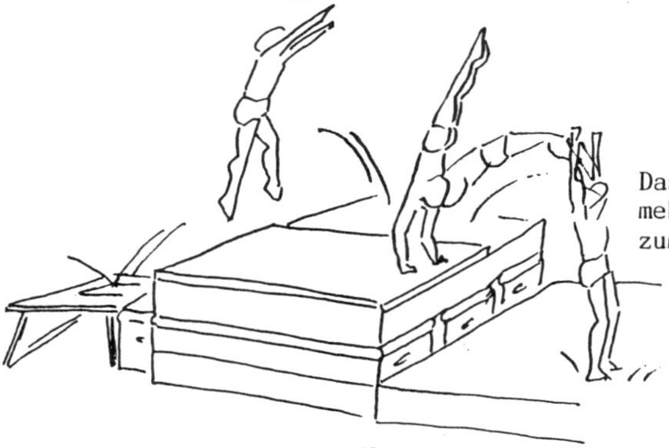

Das Minitrampolin verleiht mehr Schwung beim Ansprung zum Handstandüberschlag.

Die kleine Matte sichert zusätzlich den unteren Weichboden ab.

Eine Abdruckhilfe soll die Übung erleichtern.

HANDSTANDÜBERSCHLAG

AM BODEN

Kräftiger Auftaktschritt
nach vorn - oben

Blick auf die
aufgesetzten Hände

und kräftiger Abdruck
von beiden Händen

Hüfte bleibt vorn,
der Kopf bleibt bis
zur Landung hinten

Die Schräge nach dem Ansprung erhöht den Schwung.

Auch mit Kästen läßt sich der Mattenberg herrichten.

Eine interessante Übungsmöglichkeit bildet die schiefe Ebene.

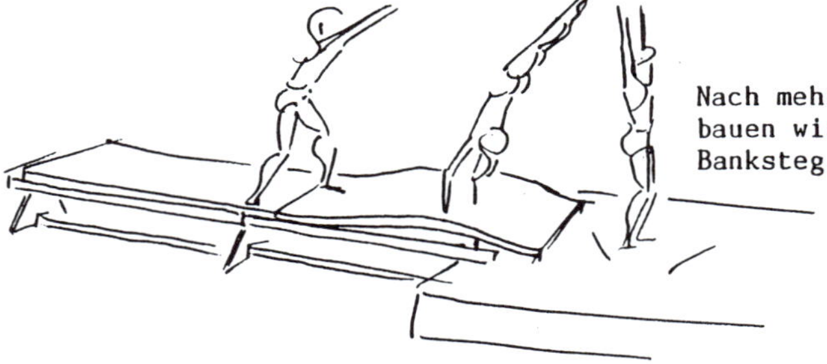

Nach mehr Übung bauen wir den breiten Banksteg.

Das Niveau der Abdruckhilfe wird verändert ...

... höher ...

... härter ...

... fester ...

... tiefer

Auf dem Boden
legen wir das Sprungbrett
als Abdruckhilfe entweder...

... rückwärts ...

... oder in Laufrichtung hin

Hilfestellung:

Ein Helfer gibt
mit beiden Armen
Schubhilfe am Rücken

... oder zwei Helfer
fassen sich an und
geben Schubhilfe ...

... oder ein Helfer
gibt Schubhilfe
an der Schulter

Vorschläge für den Geräteaufbau und die Organisation des Unterrichtes

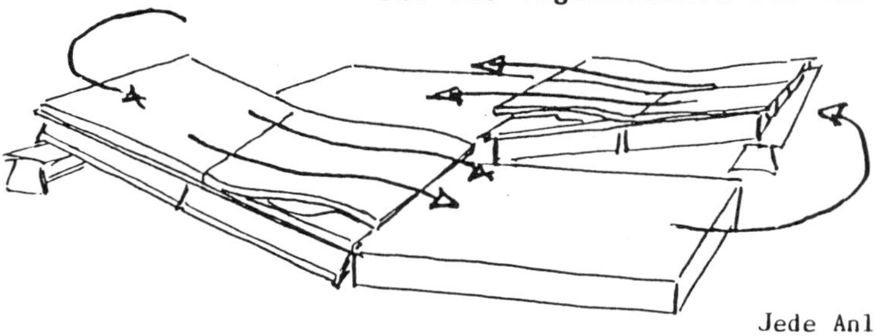

Jede Anlage kann zweibahnig entweder stationär oder in Kreisen genutzt werden.

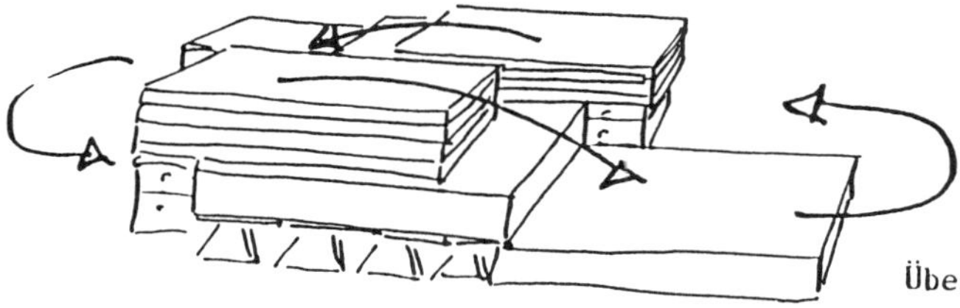

Üben im Strom

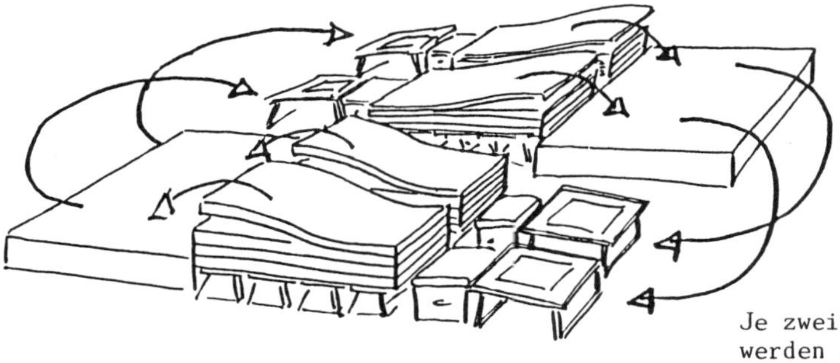

Je zwei Anlagen werden zu Kreisen zusammengefügt.

Die beiden einander gegenüberliegenden Bankschrägen arbeiten zusammen.

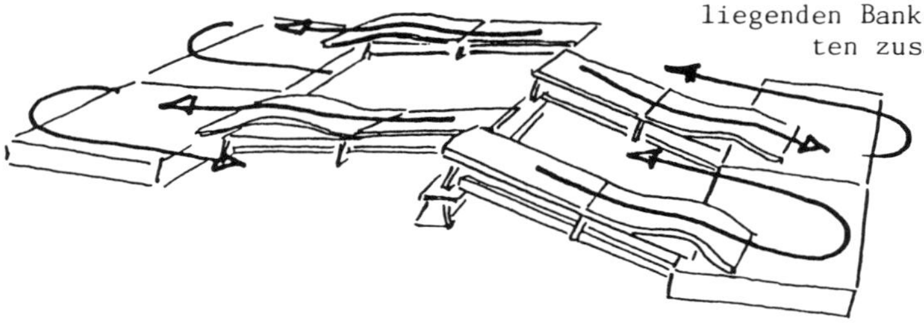

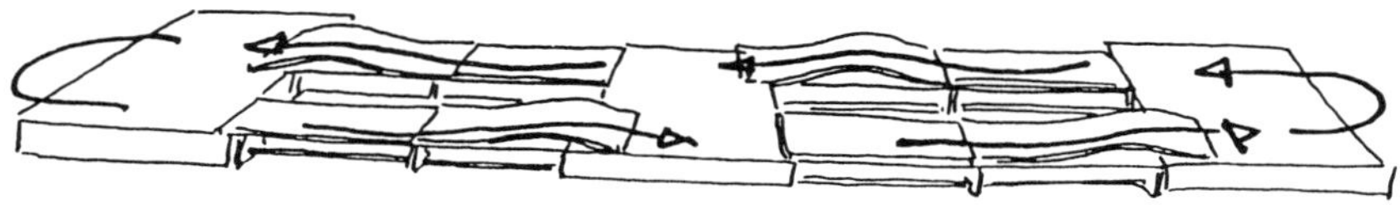

Üben im Strom an vier Anlagen

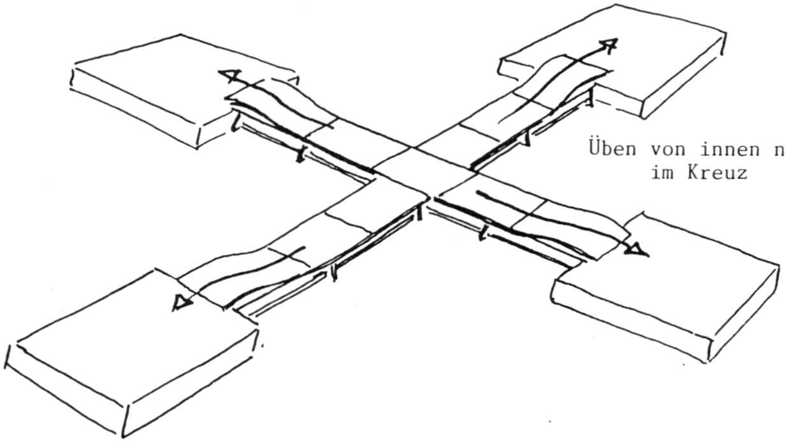

Üben von innen nach außen im Kreuz

Ein Aufbau, für den nur wenige Geräte nötig sind.

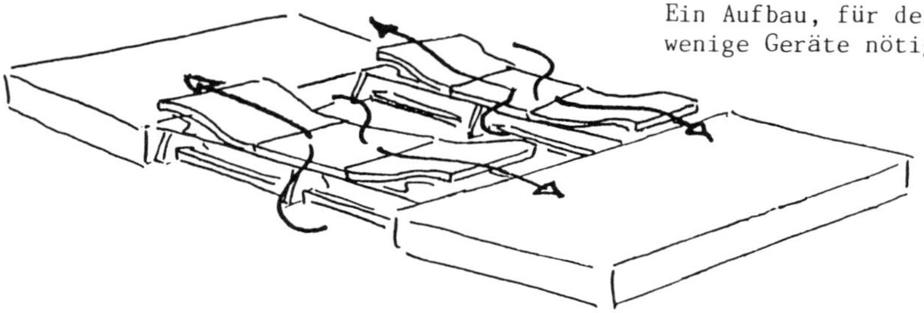

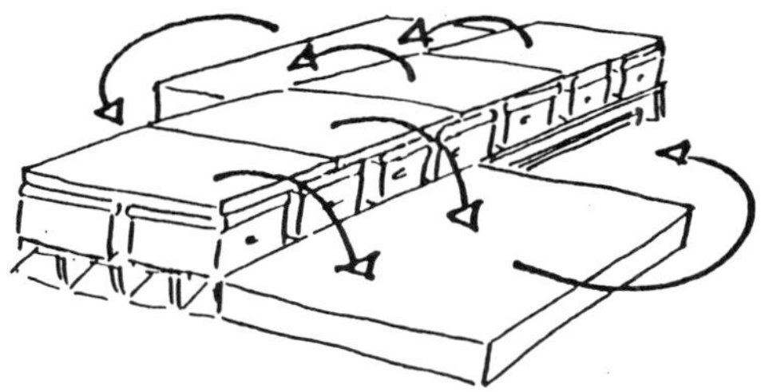

Vier Anlagen, an denen stationär oder in Teilkreisen geübt werden kann

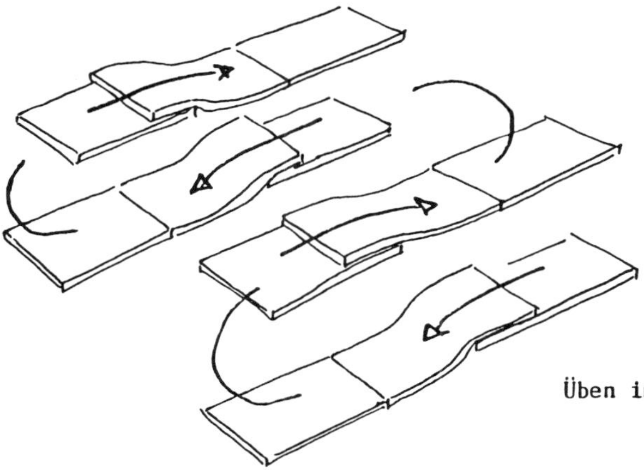

Üben im Strom

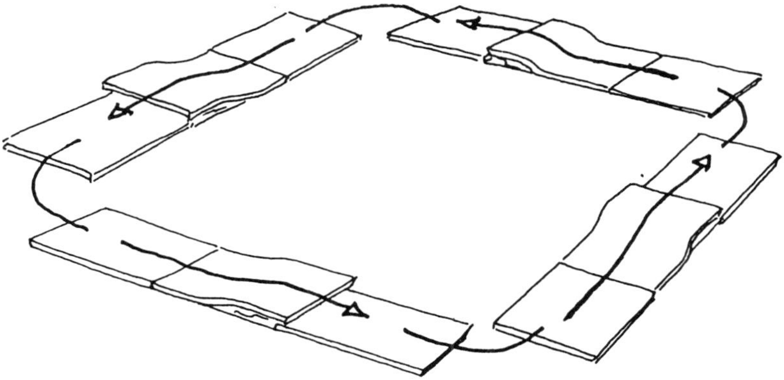

Üben im Kreisverkehr

Das Stehen im Handstand auf dem Kasten unterstützen zwei Helfer.

Einsprung zum Handstand auf dem Querkasten

Handstandüberschlag vom Kasten herab

Hilfestellung:

Zwei Helfer fassen mit Klammerdrehgriff am Oberarm.

Zielübung:

Handstandüberschlag

HANDSTAND-ÜBERSCHLAG

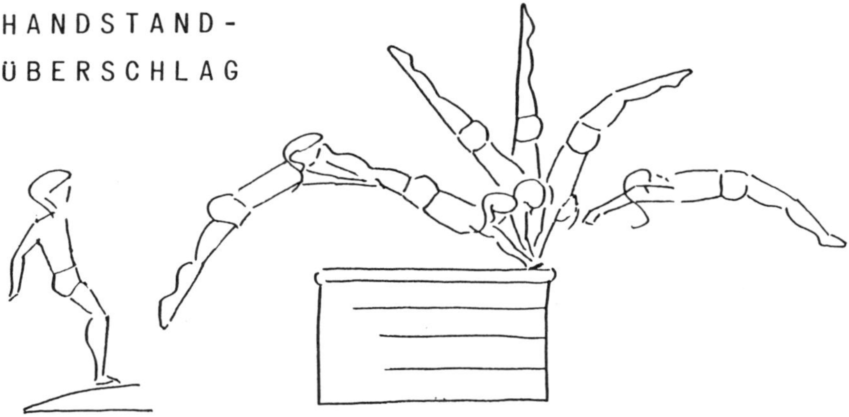

Kräftiger Absprung mit Armzug von hinten - unten nach vorn - oben

Armstütz im vorderen Teil des Sprunggerätes

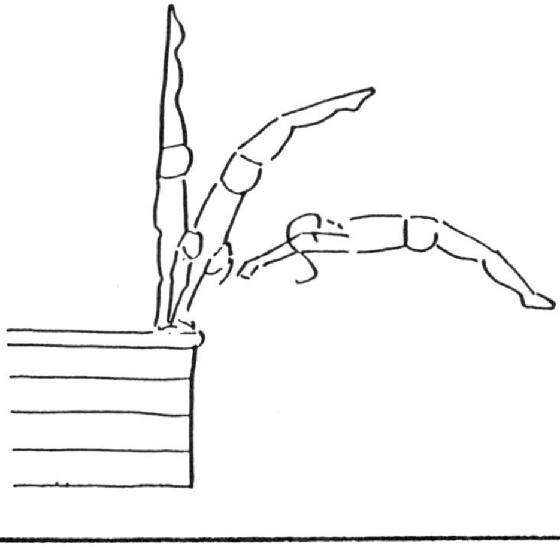

Überschlagen mit gestreckter Hüfte und Blick auf die Stützstelle (Hände)

Wir verlängern die Flugphase - die Auftreffläche ist leicht angeschrägt und deshalb gut einsehbar

Handstandüberschlag am Doppelkasten ...

... und am Langkasten

Wir erhöhen den Mattenberg - und springen mit dem Minitrampolin.

Vorschläge für den Geräteaufbau und die Organisation des Unterrichtes

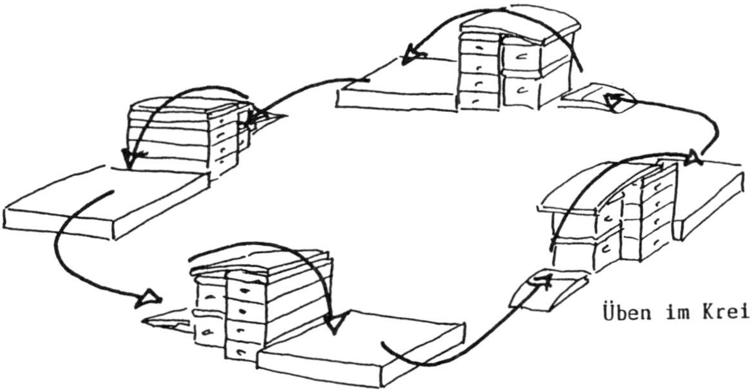

Üben im Kreisverkehr

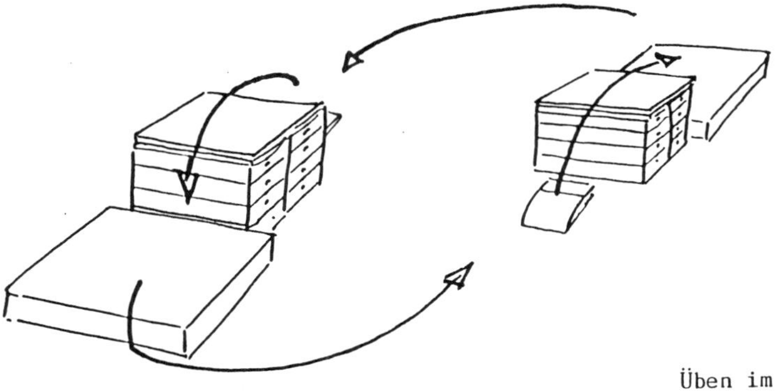

Üben im Strom an zwei Anlagen

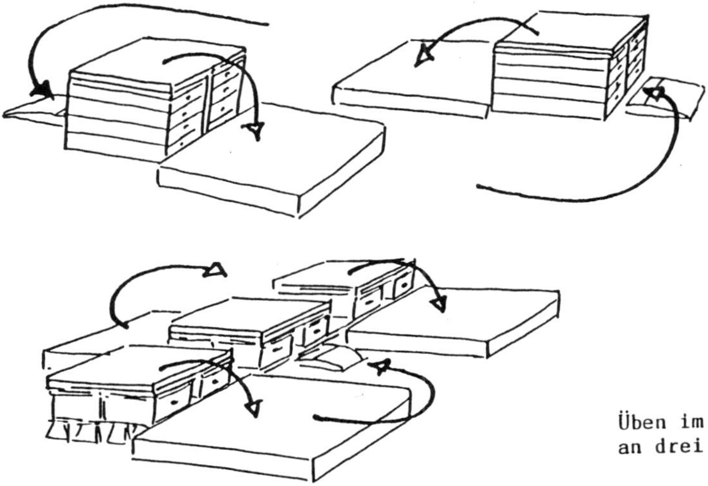

Üben im Strom an drei Anlagen

3.4.4 Flickflack (Überschlag rückwärts)

Der Partner ermöglicht eine Bewegungsvorstellung: Er zieht den Übenden über den Rücken und setzt ihn im Handstand auf.

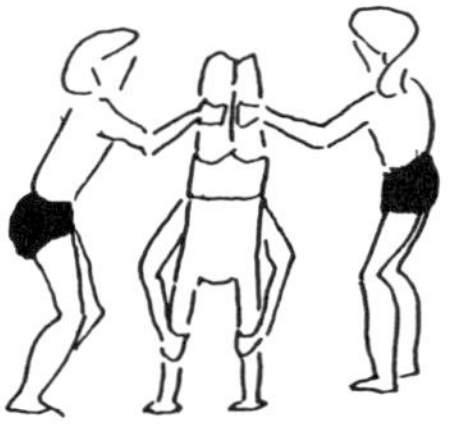

<u>Hilfestellung:</u>
Zwei Helfer führen den Übenden in den sicheren Handstand.

Der Übende drückt sich in den Handstand ...

... allein ...

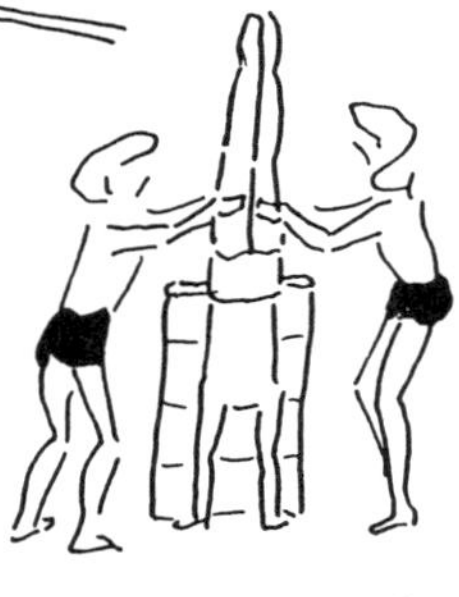

... oder zwei Helfer führen die Bewegung mit Klammergriff am Oberschenkel.

Aus dem Sitz auf dem mit einer Matte abgedeckten Kasten rückwärts in dem Handstand senken

Hilfestellung:

Ein Helfer hält die Unterschenkel, damit ein zu schnelles Absenken verhindert wird; zwei Helfer richten den Übenden im Handstand auf.

Flickflack vom schräg gestellten Kastendeckel ...

... oder vom schräg gestellten Sprungbrett

F L I C K - F L A C K

Absenken in die "Sitzstellung" mit Zurückführen der Arme

Kräftiger Absprung und Armzug nach hinten - oben

Vorbringen der Hüfte und Blick auf die Landestelle

mit beiden Händen abstützen

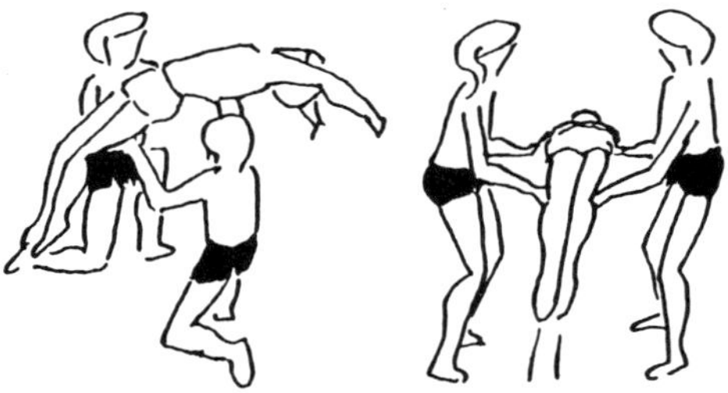

Hilfestellung:

Zwei Helfer mit Schub- und Drehhilfe mit je einer Hand am Oberschenkel und am Rücken

Flickflack vom schräg gestellten Minitrampolin

Flickflack vom Minitrampolin

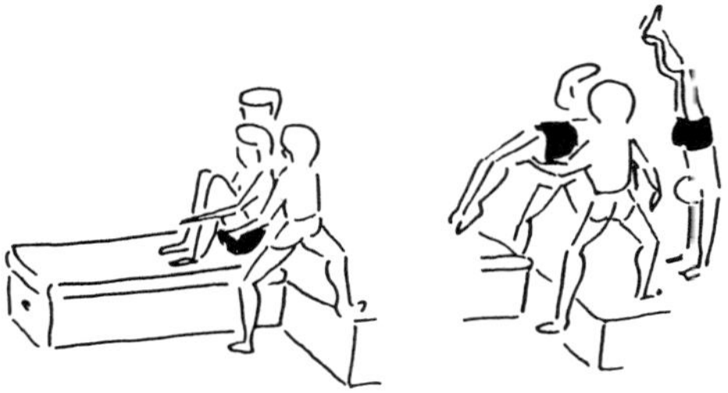

Flickflack aus dem engen Sitz auf einem Kastenoberteil

Hilfestellung:
Zwei Helfer fassen den Übenden mit Dreh- und Schubhilfe am Oberschenkel und am Rücken.

Zielübung:

Flickflack

Vorschläge für den Geräteaufbau und die Organisation des Unterrichtes

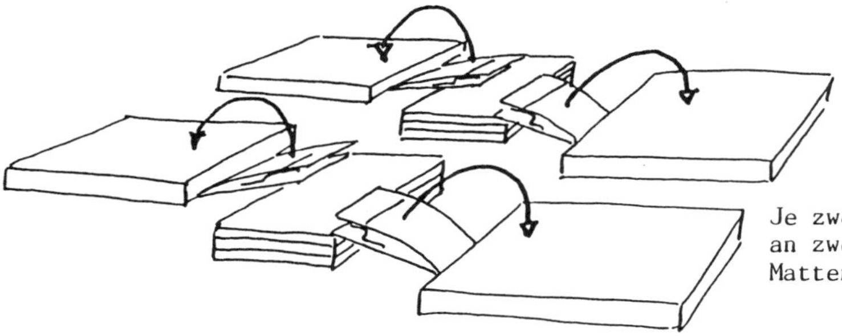

Je zwei Anlagen an zwei kleinen Mattenbergen

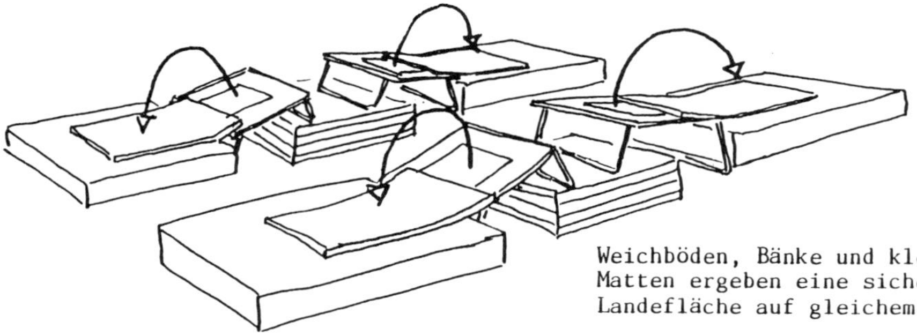

Weichböden, Bänke und kleine Matten ergeben eine sichere Landefläche auf gleichem Niveau.

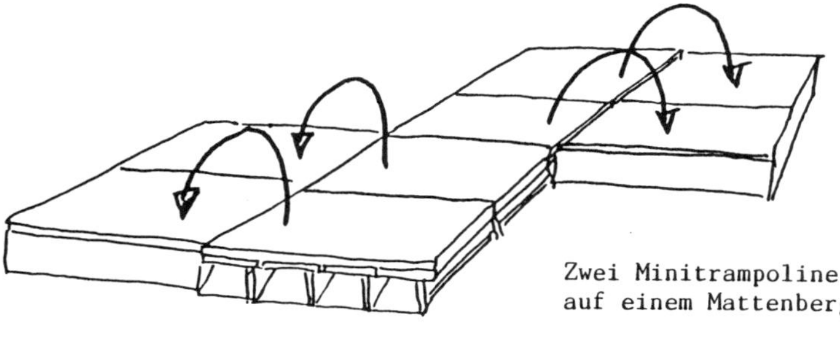

Zwei Minitrampoline auf einem Mattenberg

3.5 Stützabschwingen

Das Stützabschwingen ist eine zentrale Fähigkeit im Gerätturnen, an dessen Nichtkönnen so manche Fertigkeit scheitert. Schon die Bauchwelle oder Felge am Reck und auch die einfachen Abgänge aus dem Stütz über die Reckstange oder den Holm am Stufenbarren setzen ein gekonntes Stützabschwingen voraus. Die Entwicklung dieser Fähigkeit, die im wesentlichen darin besteht, daß eine Vorwärtsdrehung um eine Stange durch Schulter- und Armkraft gebremst wird, kann in Verbindung mit einer Vielzahl von Aufgabenstellungen geschehen. Durch eine allmähliche Annäherung von Griffstellen und Drehpunkt gelingt eine Herausbildung der koordinativen und der Kraftanforderungen.

Eventuell schmerzhafte Einwirkungen im Hüftbereich können durch eine Abdeckung der Reckstange bzw. des Barrenholmes mit Schaumstoffisolierungen verhindert werden.

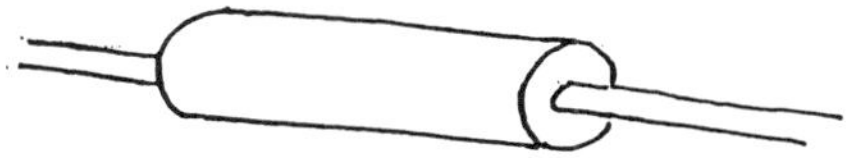

Stützabschwingen in den Handstand am niedrigen Reck

Hilfestellung:

Ein Helfer mit Klammergriff am Oberschenkel

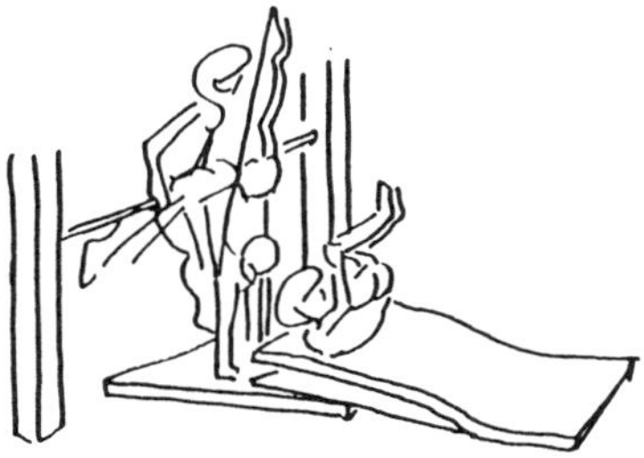

Stützabschwingen in den Handstand mit anschließendem Abrollen (Senk- und Rollhilfe)

...mit Handstandlaufen und anschließendem Abrollen
<u>Hilfestellung:</u>
Ein oder zwei Helfer mit Klammergriff am Oberschenkel

...mit Handstand am Minibarren

Stützabschwingen mit anschließendem Rad auf einer Schräge

Stützabschwingen mit anschließender Radwende von einer Erhöhung (z.B. Kastenoberteil)

Stützabschwingen in den Handstand mit anschließendem gestreckten Überfallen in die Rücklage

Zunächst greift der Übende erst auf die Matte und schwingt dann ab ...

... dann schwingt der Übende erst ab und greift dann auf die Matte.

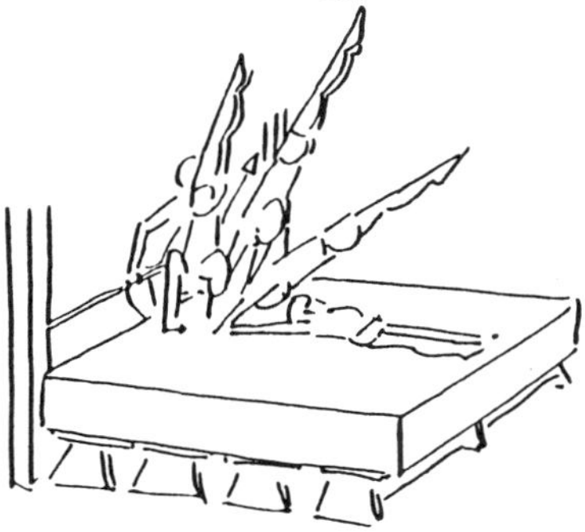

Stützabschwingen auf den erhöhten Weichboden erfordert ein starkes Gegendrücken mit Schultern und Armen.

Hilfestellung:
Ein Helfer mit Klammergriff am Oberschenkel.

Stützabschwingen mit Überhocken nach dem Heruntergreifen auf den Weichboden (in den Kniestand)...

...dasselbe vom einholmigen Barren

Stützabschwingen mit anschließender Hocke in den Stand

<u>Hilfestellung</u> (falls erforderlich): Zwei Helfer (kniend) mit Klammergriff am Oberarm

Stützabschwingen mit anschließendem Hocken in der Mattengasse ...

... ebenso in der Kastengasse

... erst die Barrenholme fassen, dann die Hocke turnen

erst mit dem Abschwingen auf den Barren heruntergreifen und die Hocke turnen

Hocke mit vorherigem Erfassen der Barrenholme

Hocke mit Erfassen der Barrenholme nach dem Stützabschwingen

Stützabschwingen mit anschließendem Überschlagen durch den Beugestütz
<u>Hilfestellung:</u>
Zwei Helfer mit Klammergriff am Oberarm, einer als Drehhilfe auf dem Kasten stehend

Stützabschwingen mit anschließendem Handstandüberschlag

Stützabschwingen mit anschließendem Handstandüberschlag durch den Beugestütz

Der Übende greift vor dem Abschwingen auf die Barrenholme ...

... jetzt erst nach dem Abschwingen auf die Barrenholme.

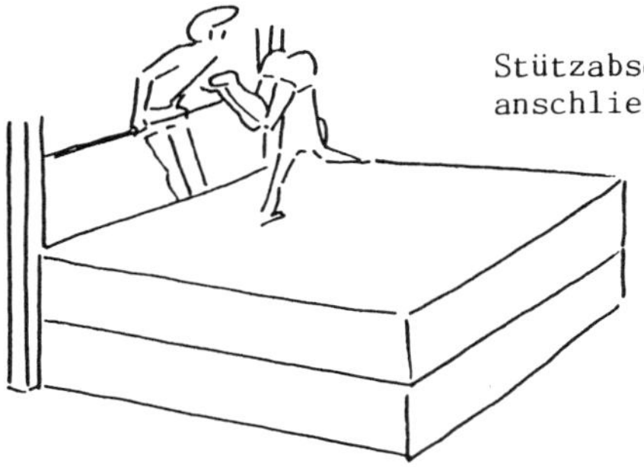

Stützabschwingen mit anschließender Hockwende

... am Kasten ...

Stützabschwingen mit
anschließender Kreishocke
am Kasten

... am Barren...

... über ein Seil

Hilfestellung:
Ein Helfer gibt
Dreh-Schub-Hilfe.

Vorschläge für den Geräteaufbau und die Organisation des Unterrichtes

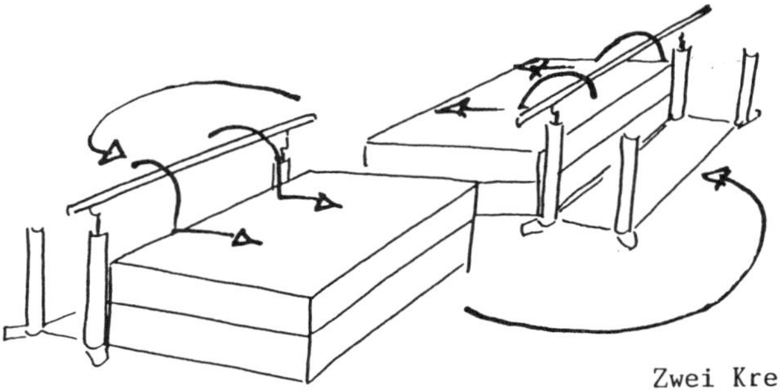

Zwei Kreise an zwei einholmigen Barren

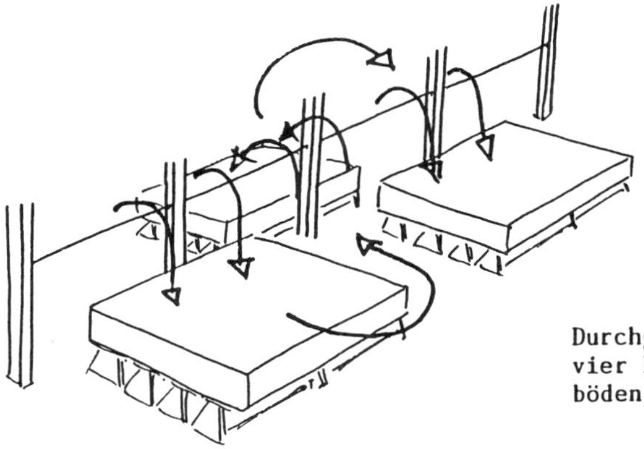

Durchgang im Strom an vier Recks und drei Weichböden

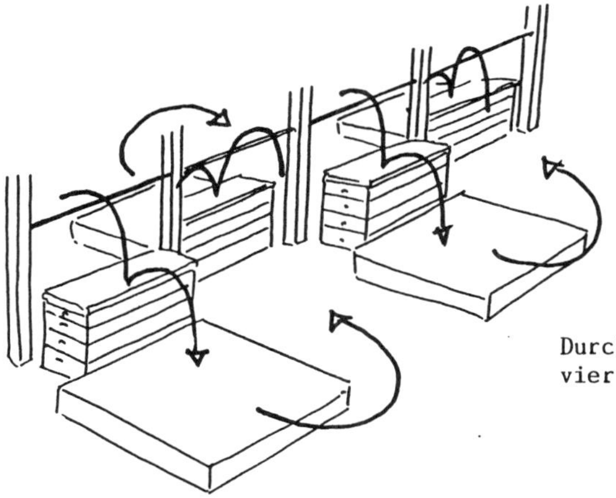

Durchgang im Strom an vier Anlagen

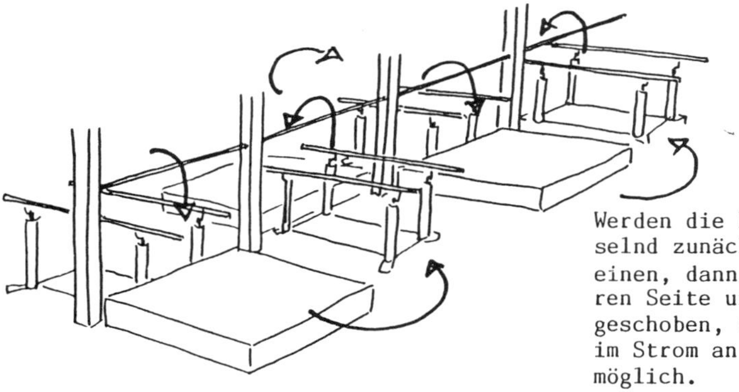

Werden die Barren abwechselnd zunächst von der einen, dann von der anderen Seite unter die Recks geschoben, ist ein Üben im Strom an vier Stationen möglich.

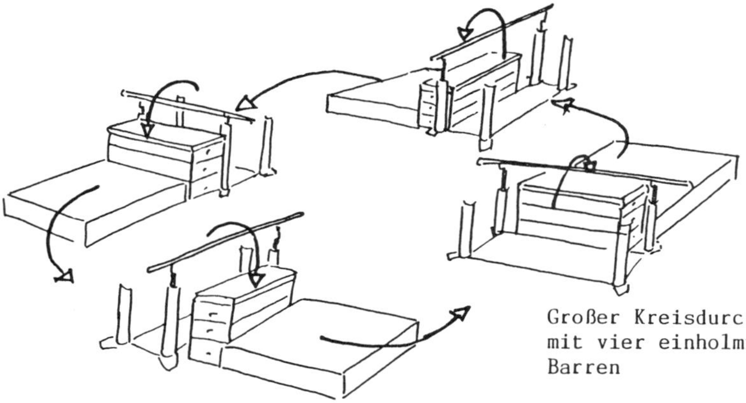

Großer Kreisdurchgang mit vier einholmigen Barren

Recks und einholmige Barren können geschickt miteinander kombiniert werden, so daß Üben im kleinen Kreis und im Strom möglich wird.

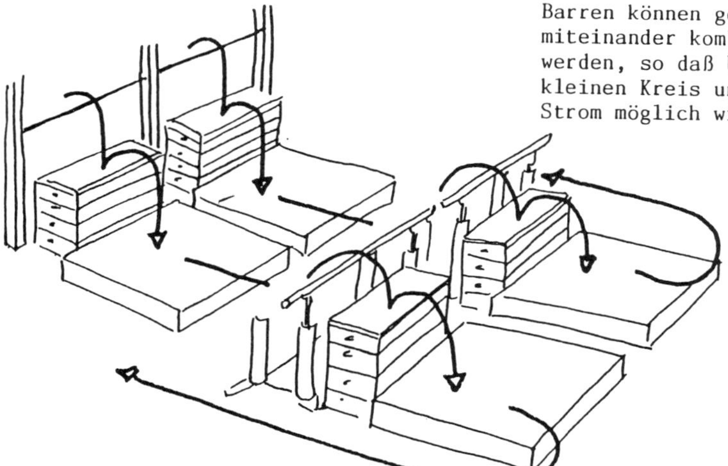

3.6 Stützaufschwingen

Aus dem Langhang oder dem Oberarmhang gelangt man durch das Stützaufschwingen in den Stütz. Attraktive Stützaufschwünge sind die Kippen am Reck und Barren.
Das Stützaufschwingen umfaßt erlebnisreiche, aber schwierige Fertigkeiten. Aus dem Langhang oder dem Oberarmhang am Barren in den Stütz zu gelangen, das möchte so mancher Schüler gern können. Die Kippe am Reck und Barren, auf die wir uns hier beschränken wollen, sind jedoch nicht von heute auf morgen zu beherrschen. Ihre Lehrwege sind mit Mühe verbunden und verlangen einen mehrstündige, intensive Auseinandersetzung. Einige Schüler werden diese Fertigkeit auch dann nicht erreichen. Aus diesem Grunde sollte möglichst ganzheitlich gearbeitet werden, damit die methodischen Zwischenstufen auch schon als Erfolg erlebt werden und die Motivation für weiteres Bemühen erhalten bleibt. Das gelingt durch geeignete Kombinationen von Gerätehilfen sowie aktives Eingreifen der Helfer.

3.6.1 Kippe am Barren

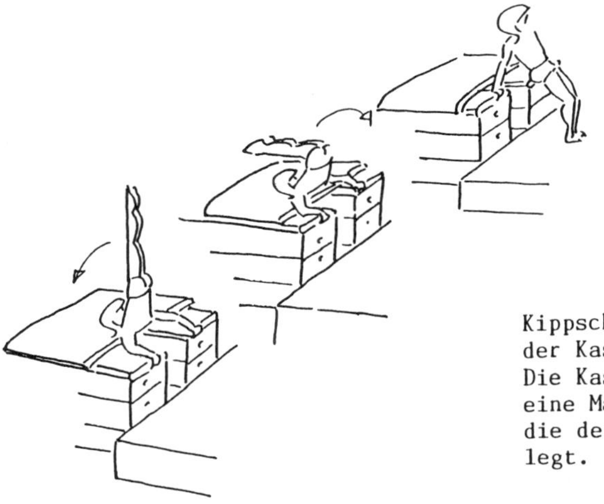

Kippschwung in den Stand an der Kastengasse.
Die Kastengasse ist durch eine Matte gesichert, auf die der Übende die Schultern legt.

Die Matte legen wir jetzt bogenförmig zwischen die Kästen, damit ein Sicherheitsgefühl entsteht.

Mehrmalige Sprungkippe
Der Übende wiederholt die Übung mehrfach hintereinander.

Kippe am Barrenende
Die Kastenschräge dient als Auflauf- und Absetzhilfe.

Auch der geschlossene Kasten kann als Auflauf- und Absetzhilfe verwendet werden.

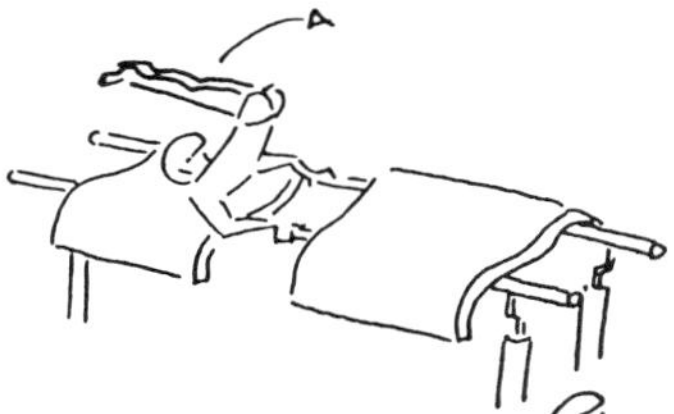

Kippe in der Barrenmitte in den Sitz auf einer Matte...

...in den Hockstand auf einer Matte.

Mehrmalige Sprungkippe am Barrenende

Kippe in der Barrenmitte in den Stand auf ein schräg gestelltes Kastenoberteil...

... oder bei einem großen Barren auf ein in der Mitte des Gerätes schräg eingestelltes Kastenoberteil

Kippe am Barrenende, die Barrenholme sind schräg gestellt.
Die Holmengasse wird durch einen Mattenbogen abgesichert.

Kippe am Barrenende in den Stand

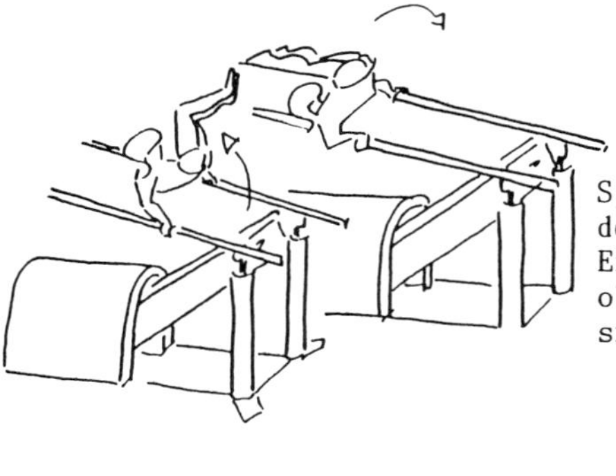

Sprungkippe in den Stand in der Barrenmitte
Ein schräg gestelltes Kastenoberteil sowie ein Mattenbogen sichern die Übungsausführung.

Kippe in den Stand auf einem
Kasten
Der Kasten wird - bei größerem
Können - niedriger gestellt.
An beiden Barrenenden kann
geturnt werden.

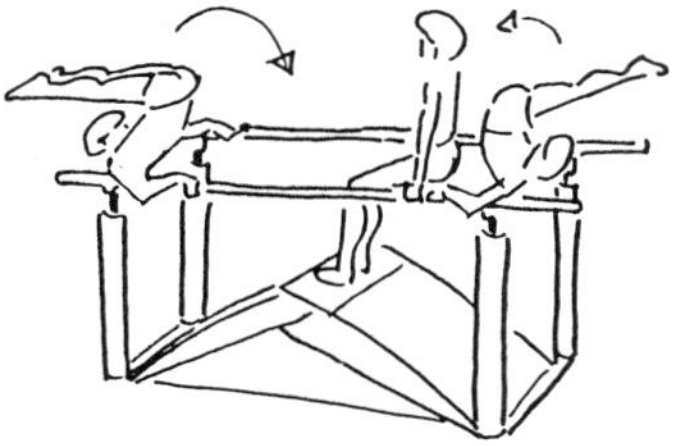

Auch ineinander gelegte Sprungbretter ermöglichen Kippen
von beiden Barrenseiten.

Kippe in den Grätschsitz

Zielübung:
Kippe am Stützbarren

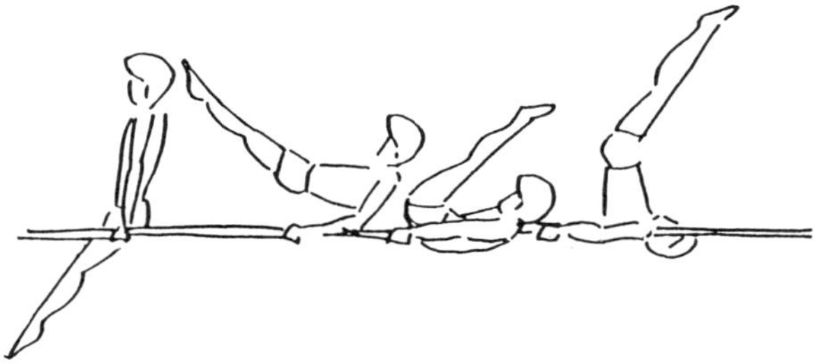

OBERARMKIPPE

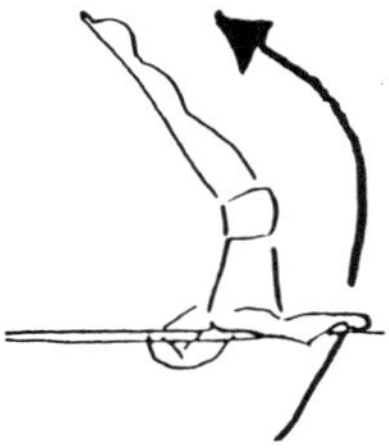

Aufschwingen in
die "Oberarmkerze"

Absenken in die
Kipplage mit
kräftigem Kippstoß
nach vorn - oben

Hilfestellung:

Zwei Helfer mit
Schubhilfe am Rücken

Achtung:

Von unten in die
Holmengasse greifen!

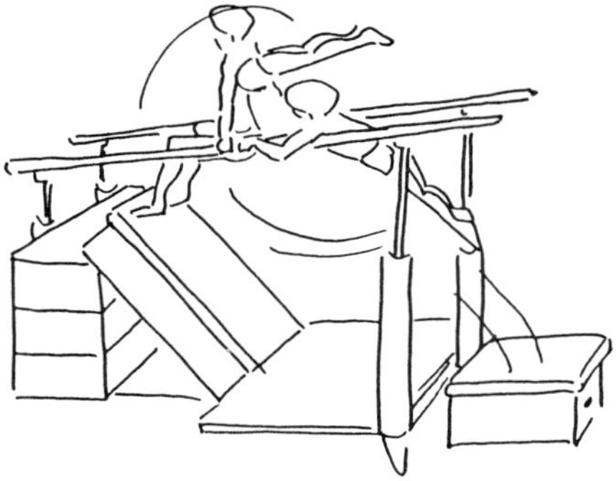

Wir versuchen es am Hochbarren:
Kippe am abwärts gestellten Barren in den Stand nach dem Einspringen in den Oberarmhang

Kippe am Hochbarren in den Stand nach dem Einspringen in den Oberarmhang

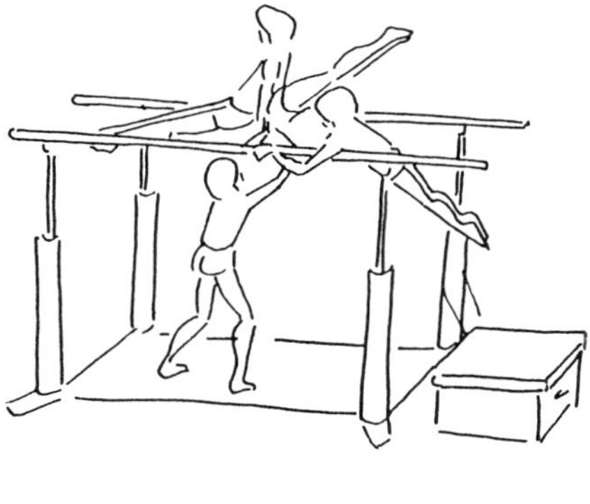

Kippe am Hochbarren
<u>Hilfestellung</u>:
Zwei Helfer greifen von unten in die Holmengasse und versuchen durch leichtes Heben am Rücken des Übenden, das Stützgleichgewicht herzustellen.

Vorschläge für den Geräteaufbau und die Organisation des Unterrichtes

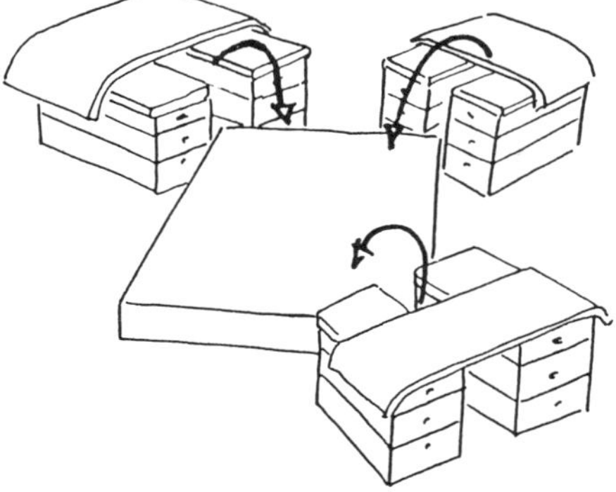

Drei (oder vier) Kastengassen an einem Weichboden

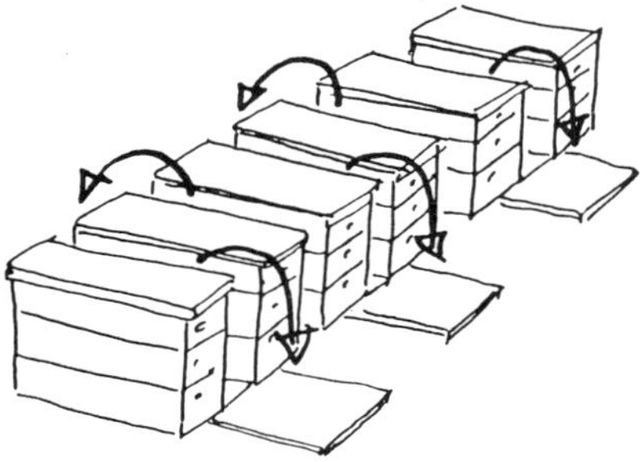

Sechs Kästen ermöglichen fünf Kastengassen, die auch im Strom beturnt werden können.

Mit vier Kästen können zwei Gassen aufgebaut werden, von denen jede einen kleinen Kreisdurchgang ermöglicht.

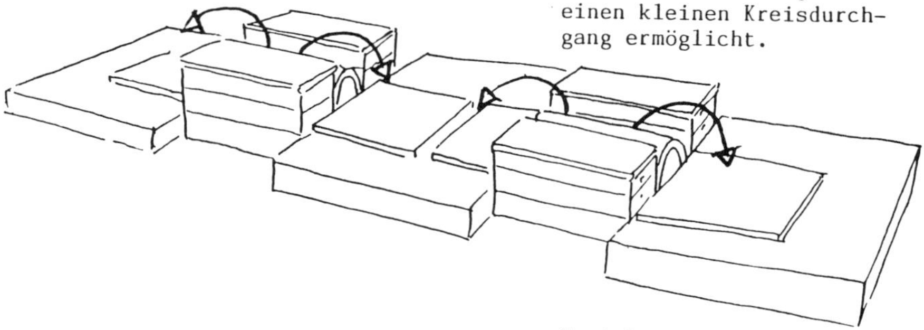

Zwei Barren mit Achterdurchgängen an einer "weichen" und einer "harten" Station

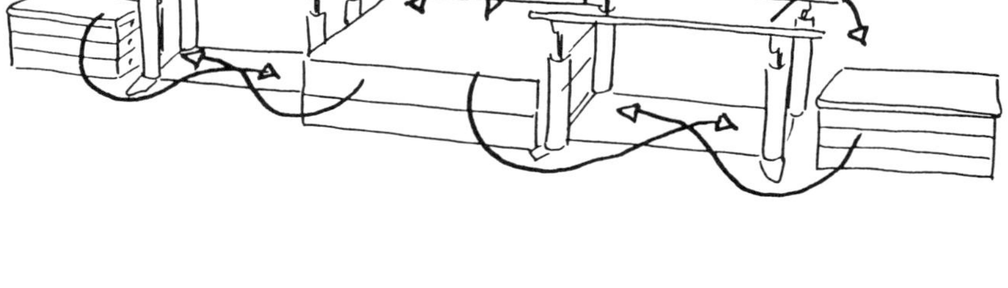

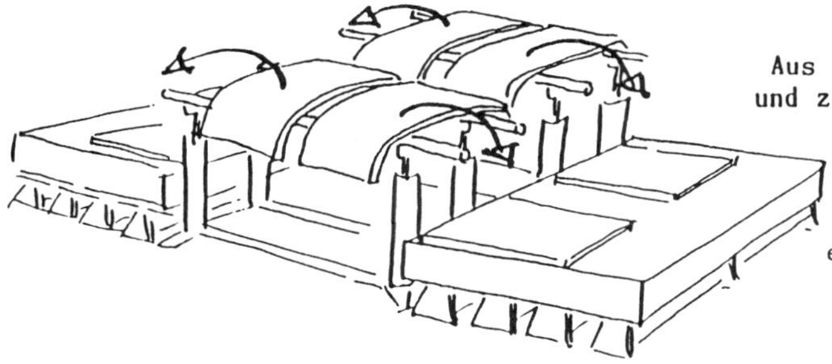

Aus zwei Barren und zwei Weichböden schaffen wir vier Stationen, die auch einen Kreisdurchgang ermöglichen.

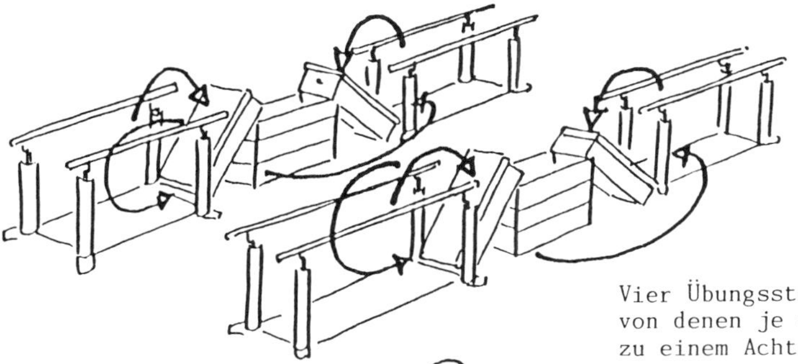

Vier Übungsstationen, von denen je zwei zu einem Achterdurchgang zusammengefaßt werden können

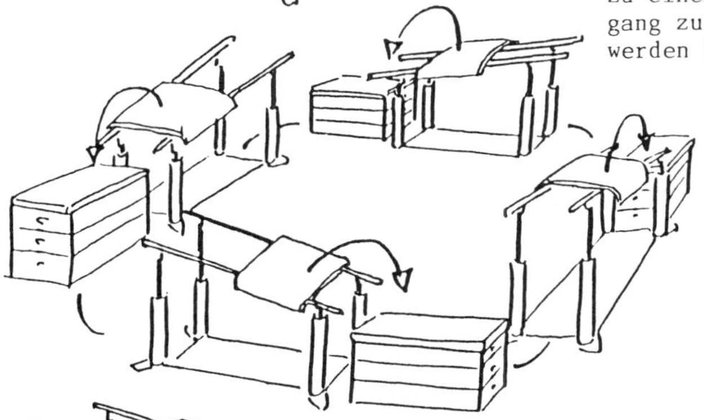

Nach ersten Erfahrungen ist ein Kreisdurchgang möglich.

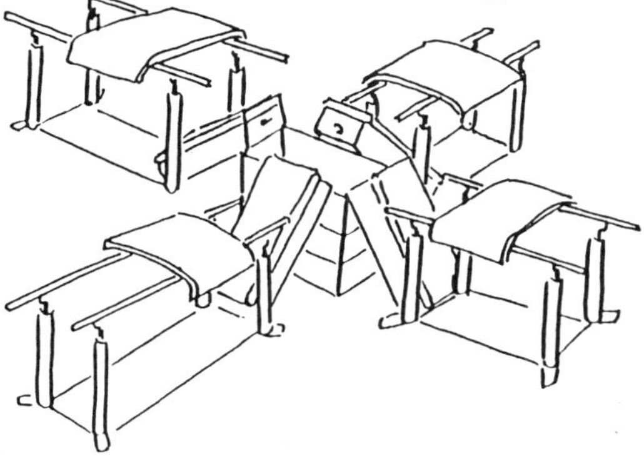

Der Aufbau im Stern bildet eine gute Variationsmöglichkeit, bei der an allen Stationen zur Mitte hin geturnt wird ...

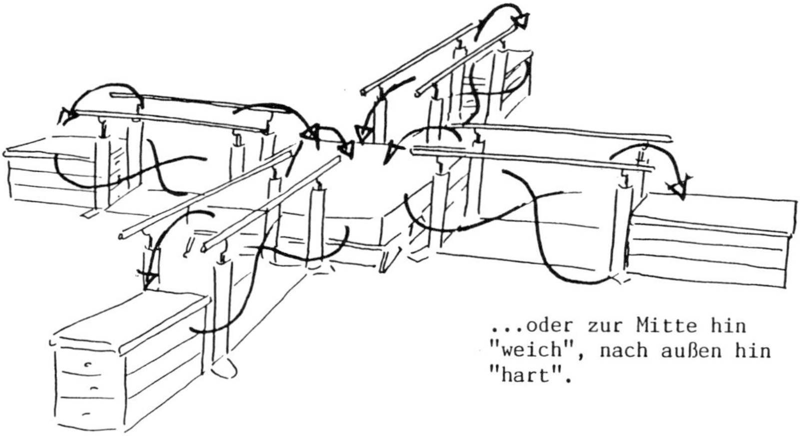

...oder zur Mitte hin "weich", nach außen hin "hart".

3.6.2 Kippe am Reck

Mit Übungen zum Aufstemmen schaffen wir zunächst die Voraussetzungen zur Stärkung der Schulter- und Rumpfmuskulatur.

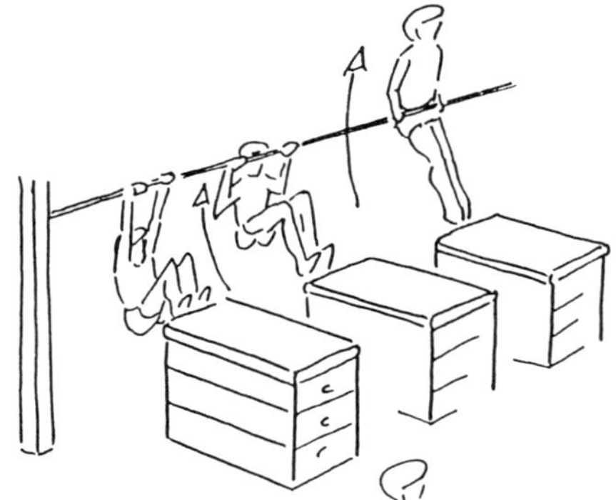

Aufstemmen in den Stütz am Reck sowie Abdruck vom Längskasten...

...wir versuchen es auch am einholmigen Barren.

Aufstemmen am oberen Holm des Stufenbarrens

Einbeiniges Aufstemmen in den Stütz am Reck...

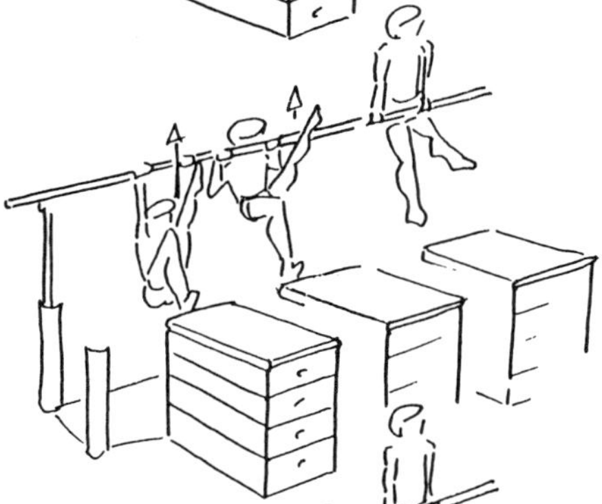

...am einholmigen Barren...

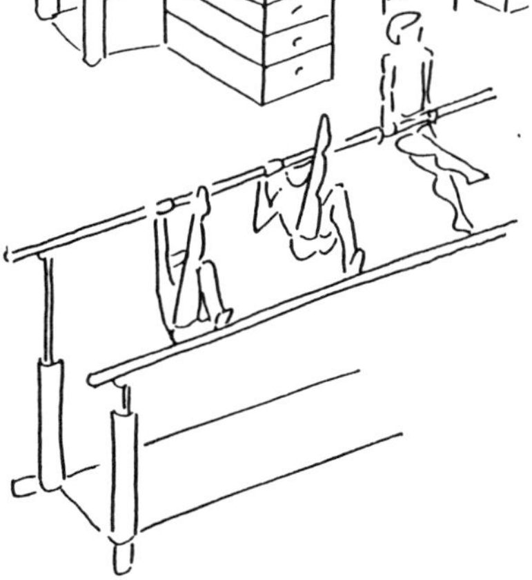

...am Stufenbarren

Hilfestellung:
ein oder zwei Helfer geben Schubhilfe.

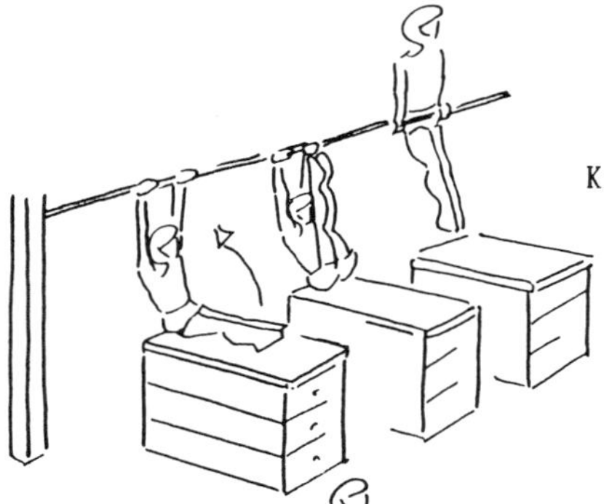

Kippe am Reck aus dem Liegehang

Hilfestellung:
Zwei Helfer geben Schubhilfe

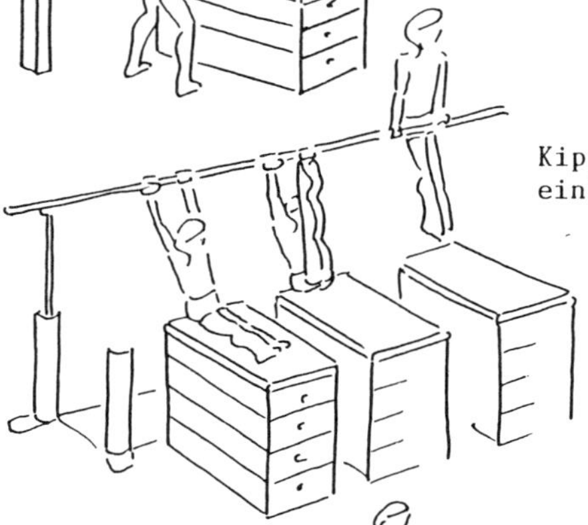

Kippe aus dem Liegehang am einholmigen Barren

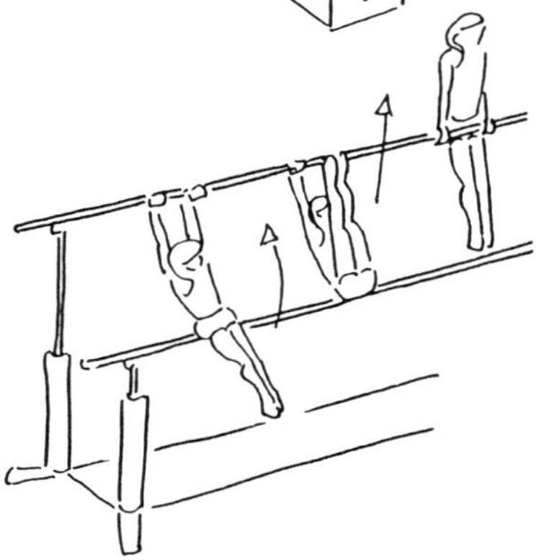

Kippe aus dem Liegehang am Stufenbarren

Diese Übung ist nur am großen Barren möglich!

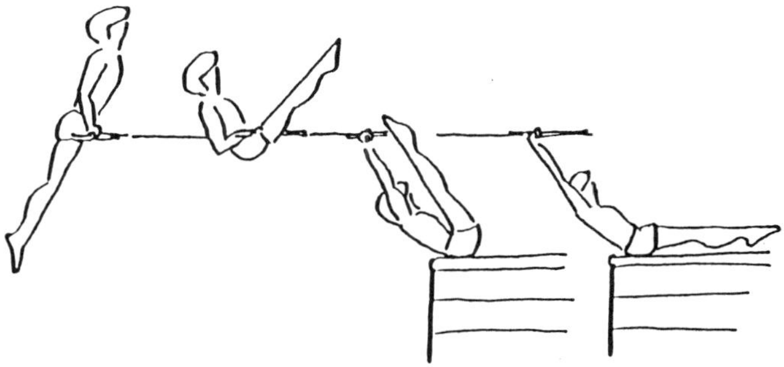

S I T Z K I P P E

Ausgangslage
auf einem gerade noch
im Sitz erreichbaren Kasten

Schnelles Anwinkeln
der Beine in Richtung der Reckstange

<u>Wichtig:</u>

Der Sitz bleibt dabei erhalten!

Schnellkräftiges Herunterziehen der Reckstange von den Füßen bis an die Hüfte

<u>Hilfestellung:</u>

Zwei Helfer führen die
Bewegung mit je einer Hand
am Oberschenkel und am
Rücken

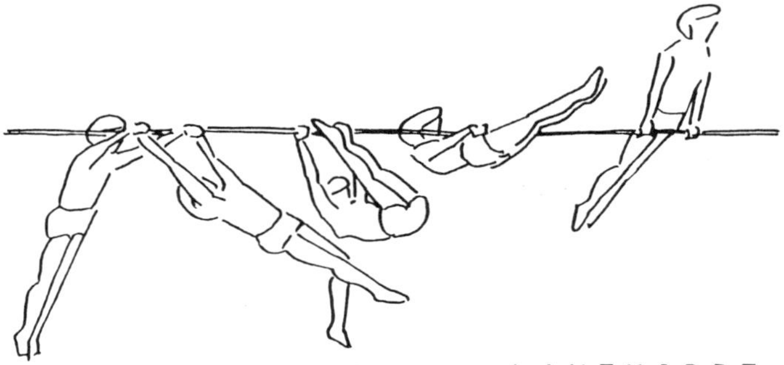

L A U F K I P P E

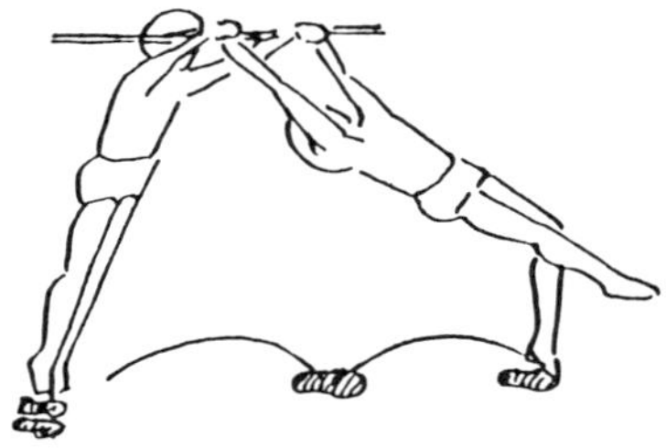

Aus der Schlußstellung
Vorpendeln mit langen Armen
und einem Schrittkontakt

Schnelle Hüftbeuge mit
Aufschwingen der Füße
zur Stange

Schnellkräftiges Herunter-
ziehen der Stange von den
Füßen an die Hüfte

Hilfestellung:

Zwei Helfer führen
die Bewegung durch
Schubhilfe mit je
einer Hand am Rücken
und am Oberschenkel

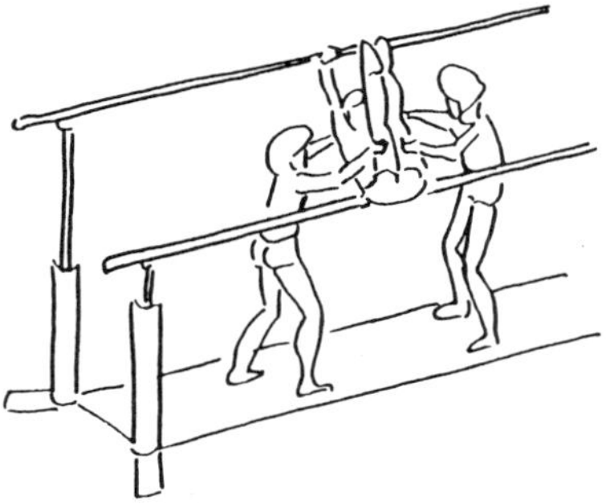

Hilfestellung:
Zwei Helfer geben Schubhilfe am Oberschenkel und am Rücken.

Aus der Schlußstellung Vorpendeln mit langen Armen und einem Schrittkontakt

Das Vorpendeln erfolgt bis zur Hüftstreckung.

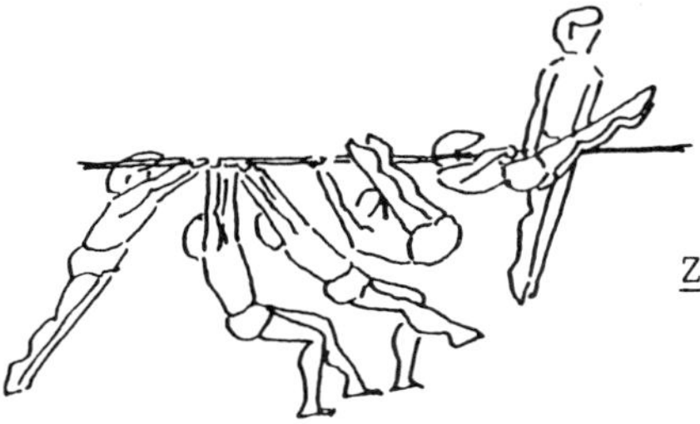

Zielübung: Kippe am Reck

Hilfestellung:
Zwei Helfer führen die Bewegung durch Schubhilfe mit je einer Hand am Rücken und am Oberschenkel.

Vorschläge für den Geräteaufbau und die Organisation des Unterrichtes

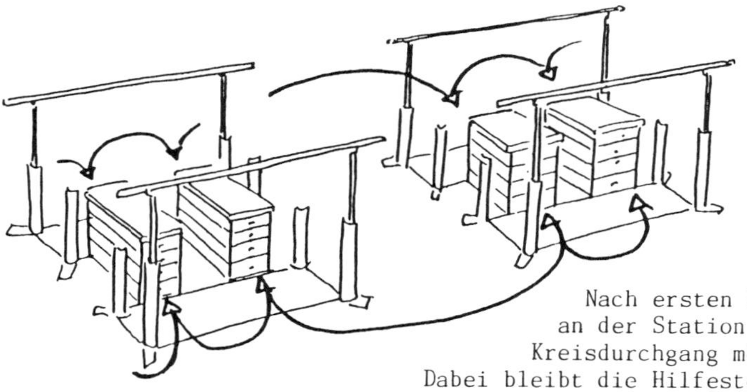

Nach ersten Erfahrungen an der Station ist ein Kreisdurchgang möglich. Dabei bleibt die Hilfestellung fest oder sie wechselt mit ...

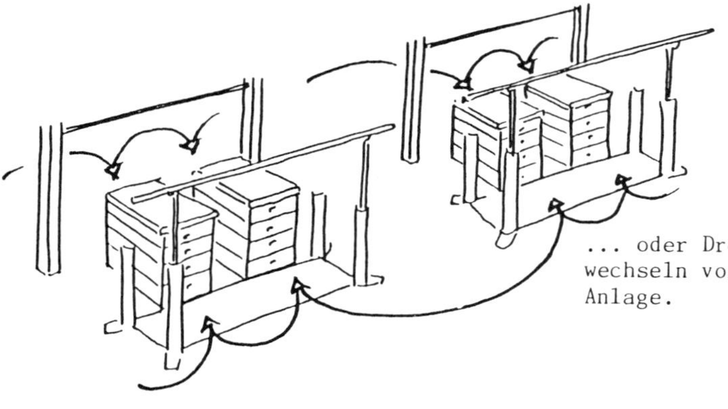

... oder Dreiergruppen wechseln von Anlage zu Anlage.

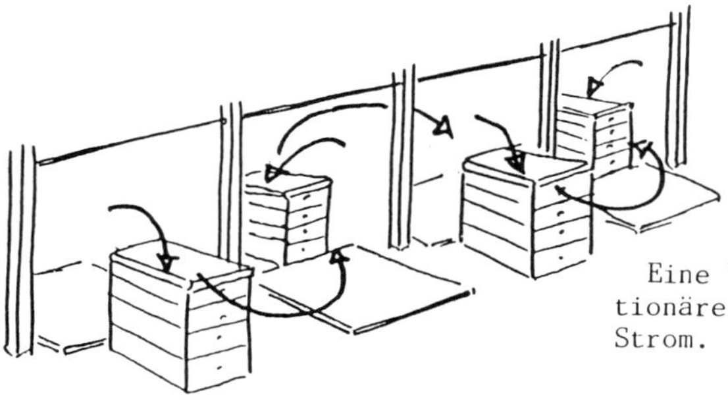

Eine Variation des stationären Übens bildet der Strom.

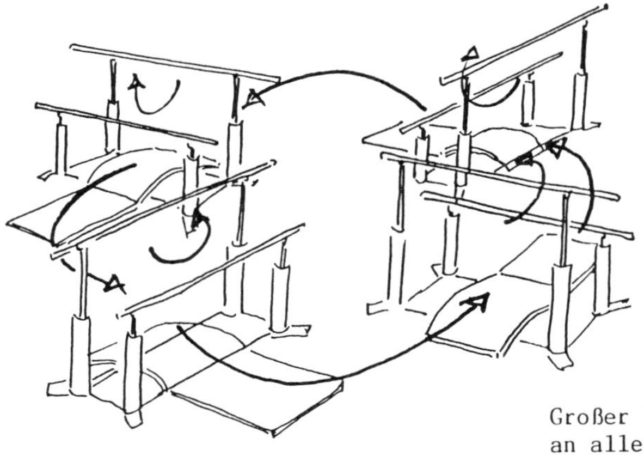

Großer Kreisdurchgang an allen Geräten.

3.6.3 Schwungkippe am Reck

Mit dieser Übung wird die Verbindung zum Thema "Schwingen" (vgl. 3.7) hergestellt.

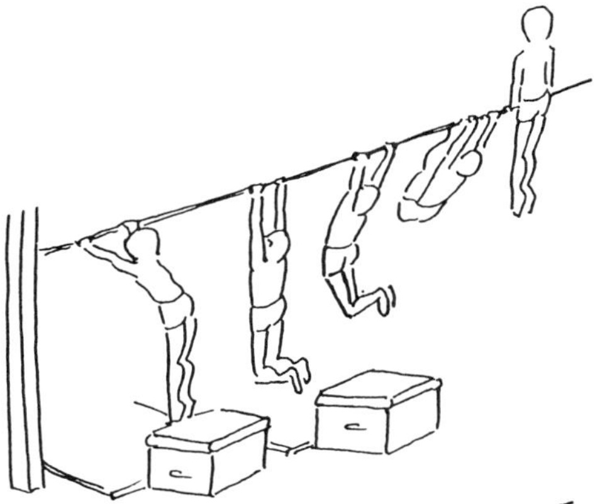

Schwungkippe am reichhohen Reck aus dem Stand auf einem kleinen Kasten

<u>Hilfestellung:</u>
Zwei Helfer führen die Bewegung mit je einer Hand zunächst nur am Rücken, dann auch am Oberschenkel.

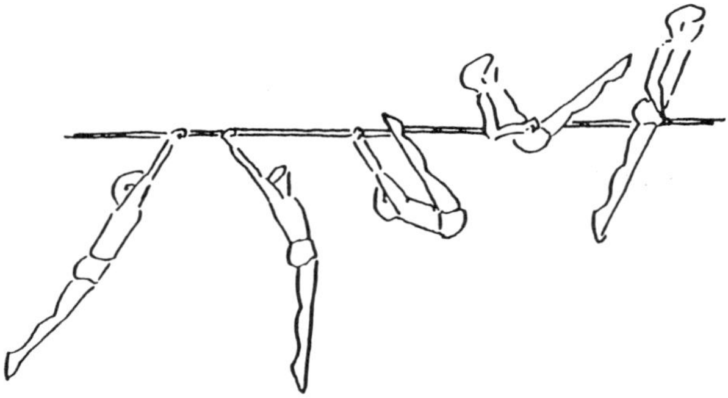

SCHWUNGKIPPE

Langhangschwingen
in die "Bogenspannung"

Schnelle Hüftbeuge mit Aufschwingen der Füße zur Stange

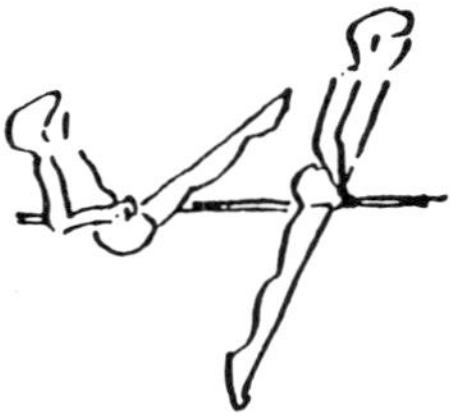

Schnellkräftiges Herunterziehen der Stange von den Füßen zur Hüfte

Hilfestellung:

Zwei Helfer mit Schubhilfe mit je einer Hand am Oberschenkel und am Rücken

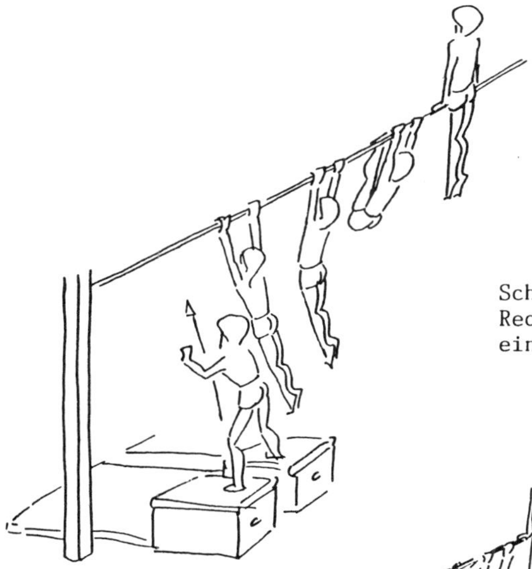

Schwungkippe am reichhohen Reck aus dem Ansprung von einer Kastengasse

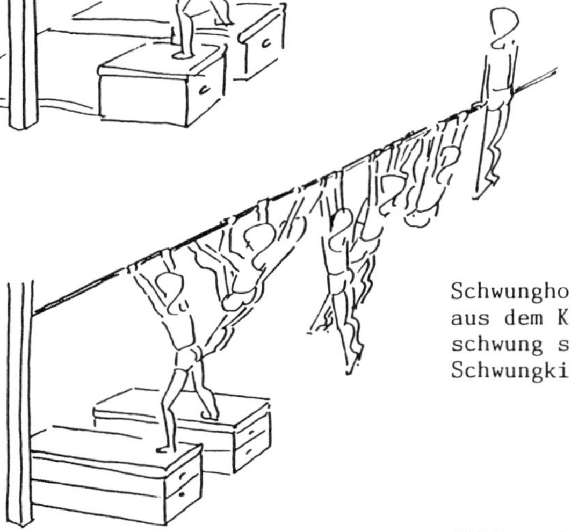

Schwungholen an der Kastengasse aus dem Klimmzug mit Unterschwung sowie anschließender Schwungkippe

<u>Hilfestellung</u>: Zwei Helfer geben Schubhilfe am Oberschenkel und am Rücken

Vorschläge für den Geräteaufbau und die Organisation des Unterrichtes

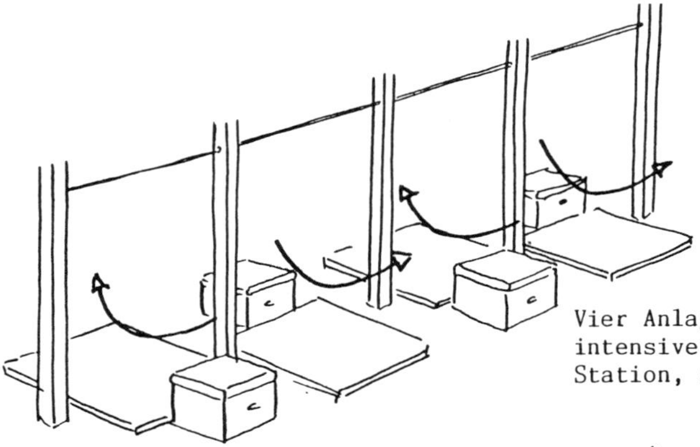

Vier Anlagen ermöglichen intensives Üben an der Station, später im Strom.

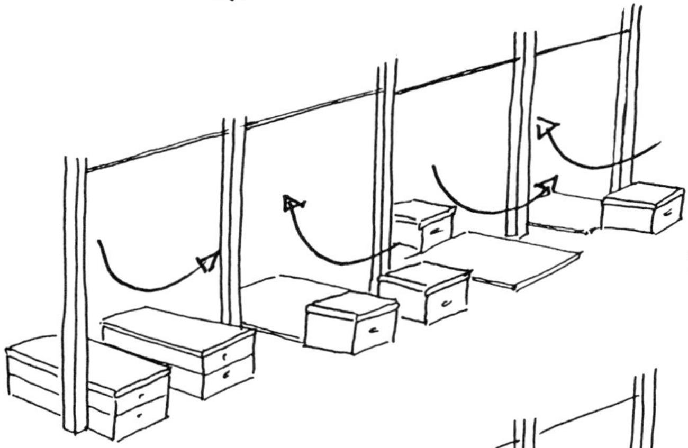

Üben im Strom

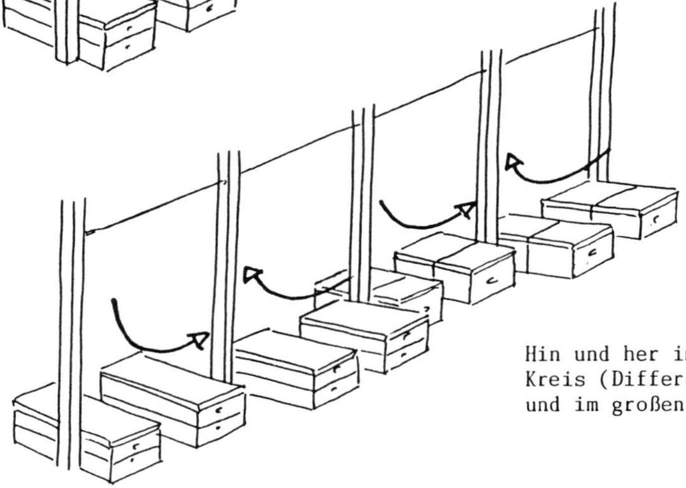

Hin und her im kleinen Kreis (Differenzierung) und im großen Strom

3.7 Schwingen

Das Schwingen im Stütz, im Oberarmhang oder im Langhang ist die Voraussetzung für viele turnerische Fertigkeiten am Barren, am Reck oder an den Ringen. Ohne das Stützschwingen ist das Turnen am Parallelbarren eigentlich nicht möglich. Aus ihm heraus werden der Oberarmstand, der Handstand, aber auch Abgänge wie die Kreishocke oder die Wendekehre geturnt. Ebenso ist das Schwingen im Langhang die Voraussetzung für das Hochreckturnen.

Die Schwungkippe, die wir als "Stützaufschwung" an anderer Stelle dargestellt haben, hat auch hier ihre Bedeutung. Beispielhaft sollen hier einige leichte Abgänge entwickelt werden. Aber auch die Kippen und die Schwungstemmen rückwärts sollen aus ihr hergeleitet werden.

Am Ringependel wird das Langhangschwingen zu einem besonderen Erlebnis. Hier können eine ganze Reihe von Schwungelementen behandelt werden, die reizvoll zu turnen sind.

3.7.1 Schwingen an den Ringen

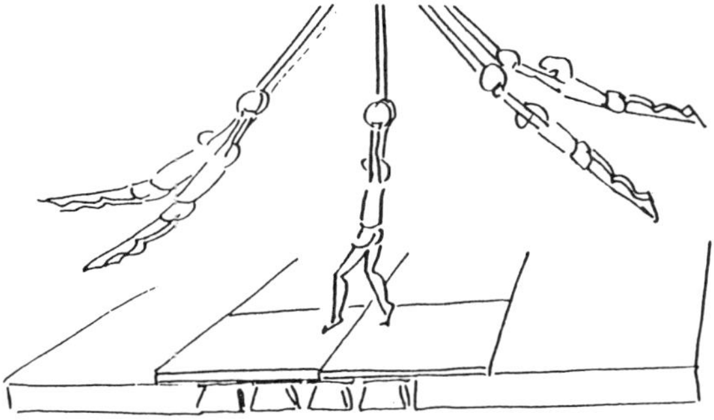

Langhangschwingen mit Schrittabstoß ...

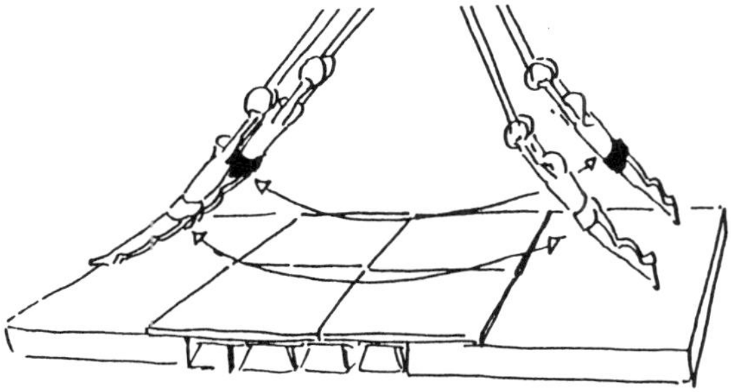

... auch synchron an zwei Paar Ringen

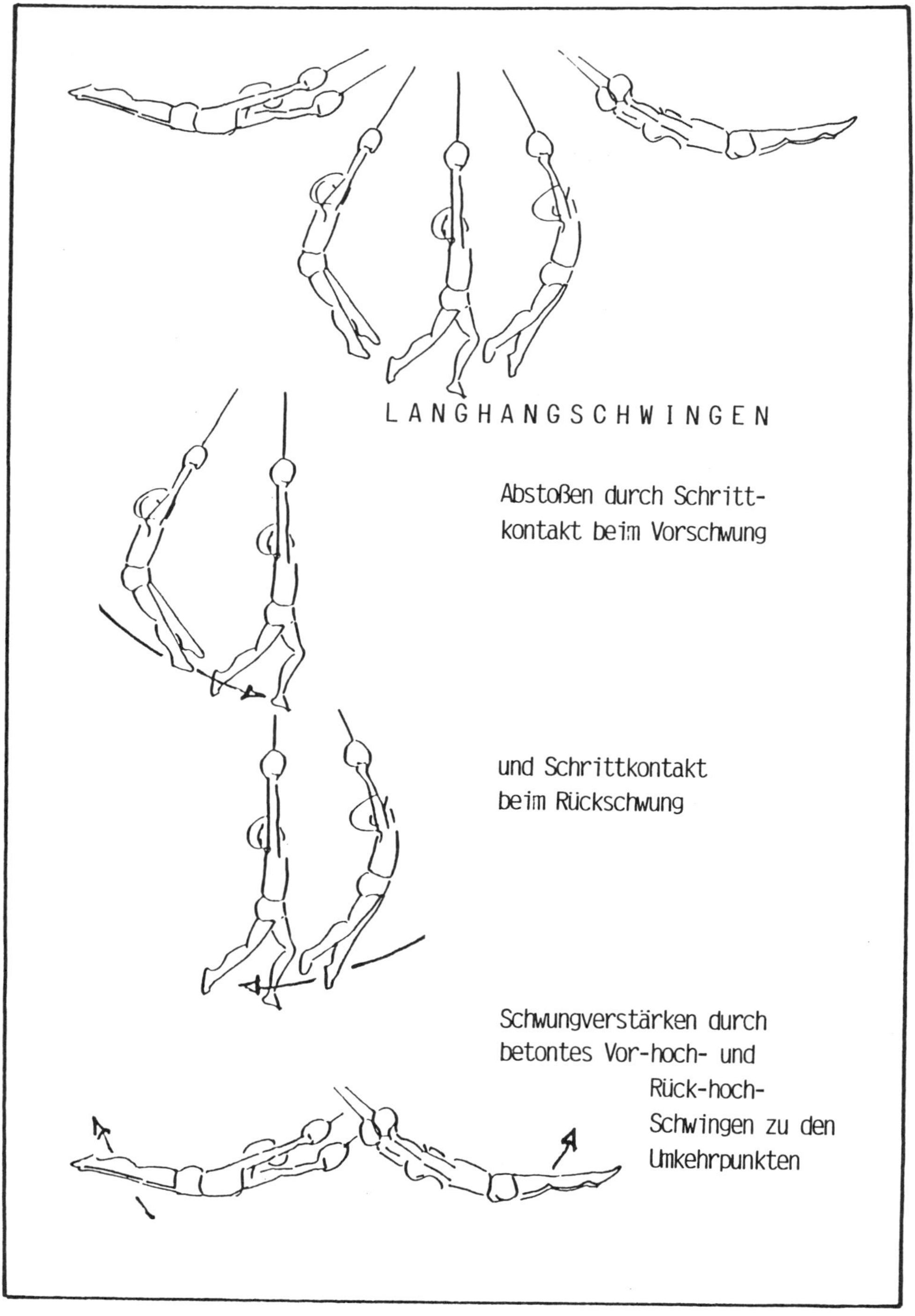
L A N G H A N G S C H W I N G E N
Abstoßen durch Schritt-
kontakt beim Vorschwung
und Schrittkontakt
beim Rückschwung
Schwungverstärken durch
betontes Vor-hoch- und
Rück-hoch-
Schwingen zu den
Umkehrpunkten

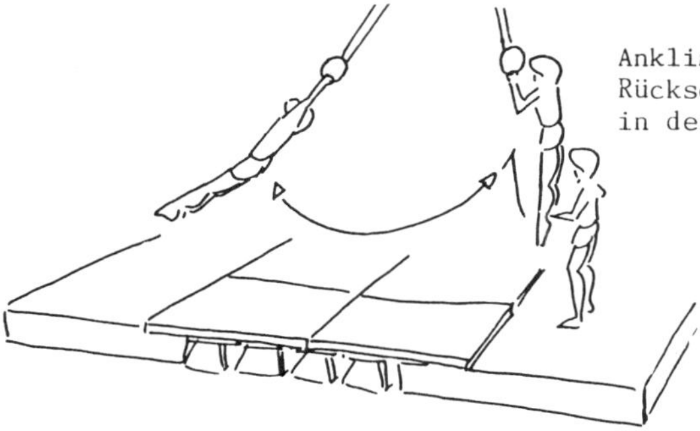

Anklimmen am Ende des Rückschwunges und Abspringen in den Stand

jetzt zu dritt an zwei Paar Ringen

Halbe Drehung mit Abschwingen am Ende des Vorschwunges

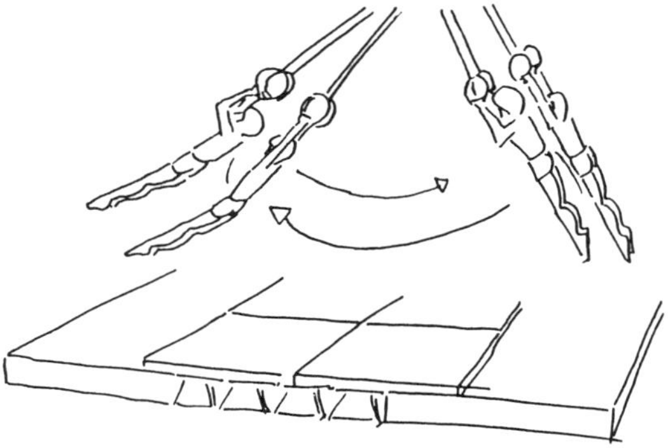

Anklimmen jeweils am Ende des Vor- und Rückschwunges

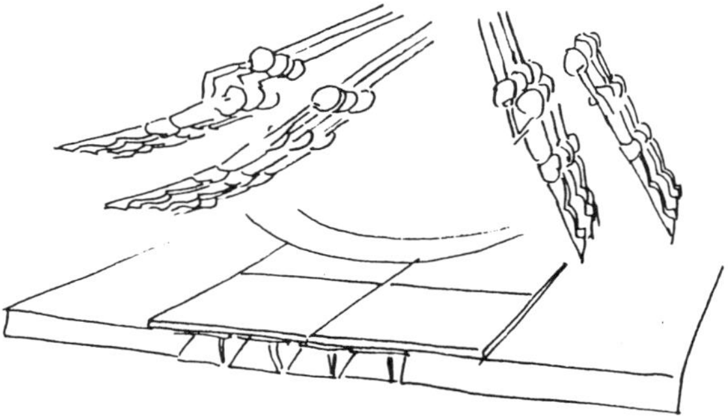

nun zu dritt an zwei Paar Ringen

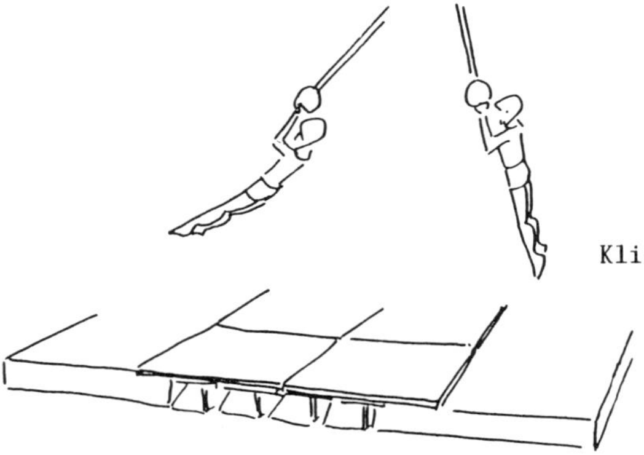

Klimmen - Schwingen...

zu dritt an zwei Paar Ringen

Langhangschwingen mit halber Drehung
an beiden Enden...

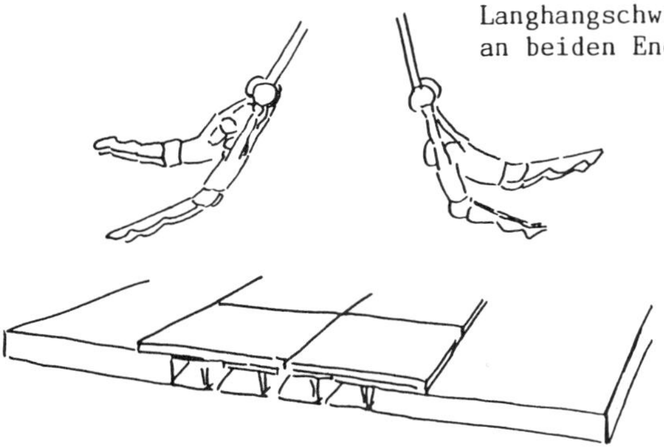

...mit Abgang in den Stand...

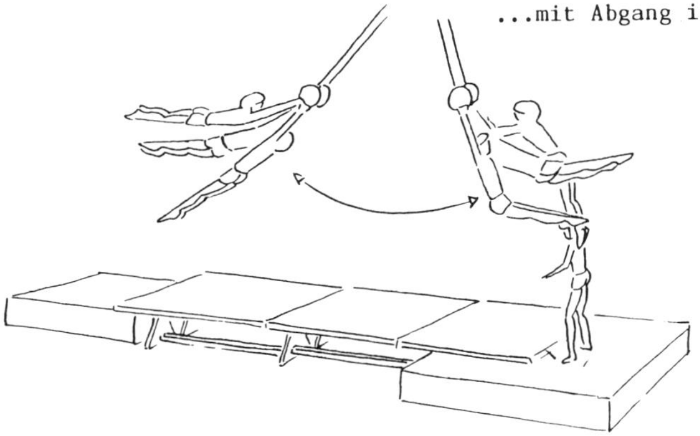

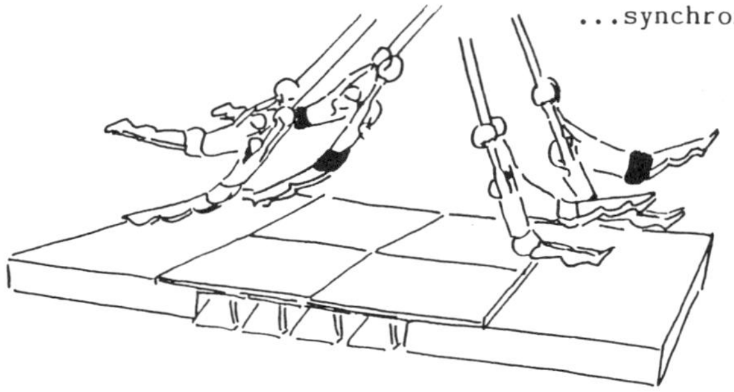

...synchron an zwei Paar Ringen

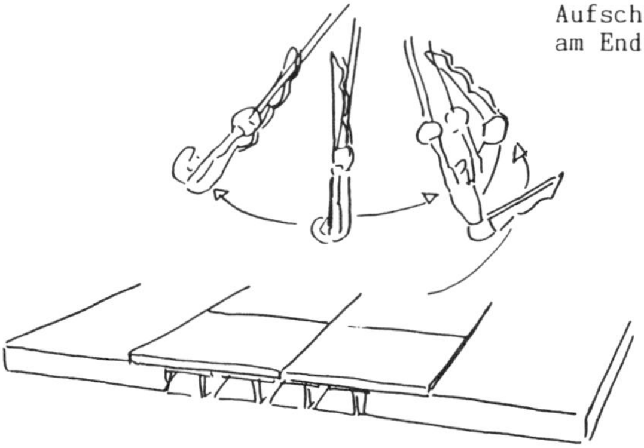

Aufschwingen in den Sturzhang
am Ende des Vorschwunges

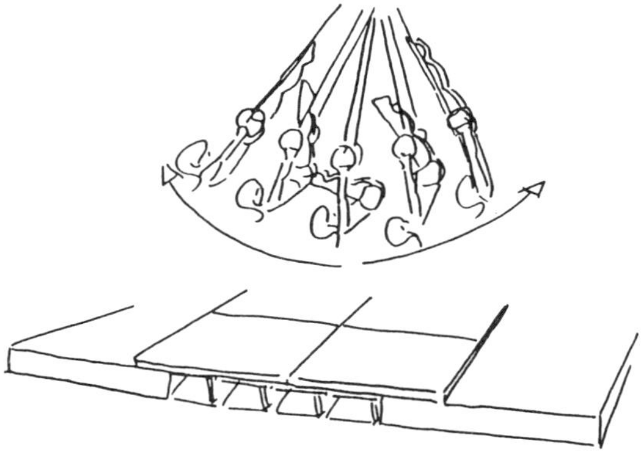

Schwungwippen

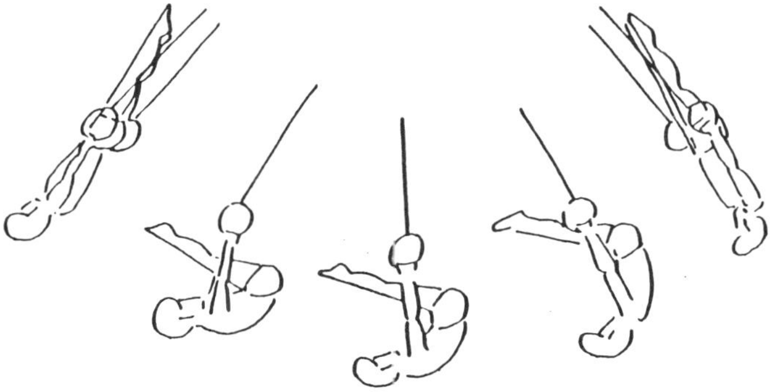

SCHWUNGWIPPEN

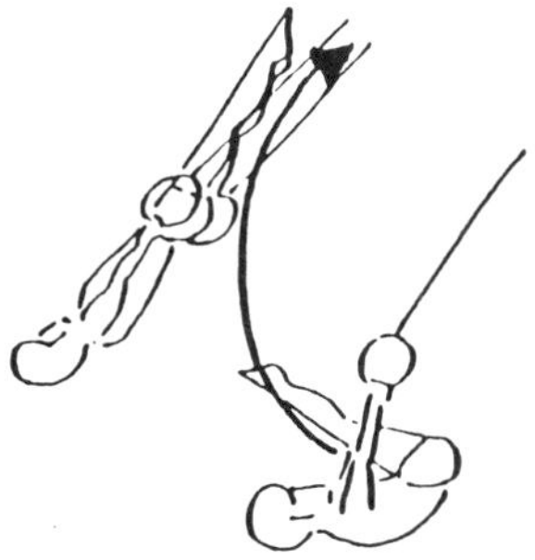

Hüftstreckung zum Ende des Rückschwunges durch Hochschieben der Füße zwischen die Seile

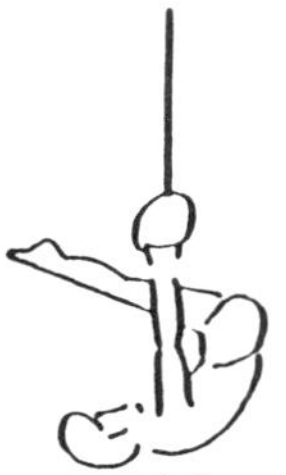

Hüftbeuge beim Durchschwingen der Senkrechten

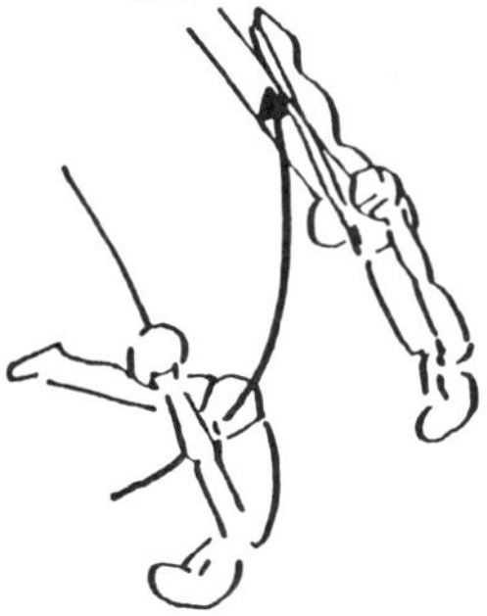

Hüftstreckung zum Ende des Vorschwunges durch Hochschieben der Füße zwischen die Seile und leichtes Klimmen

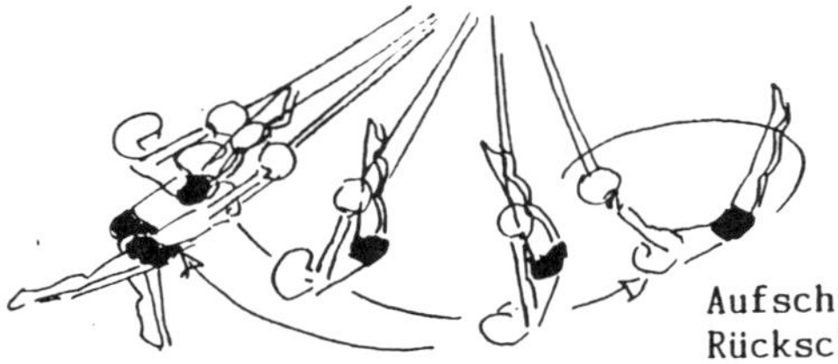

Aufschwingen am Ende des Rückschwunges und Ausschwingen am Ende des Vorschwunges

Vorschläge für den Geräteaufbau und die Organisation des Unterrichtes

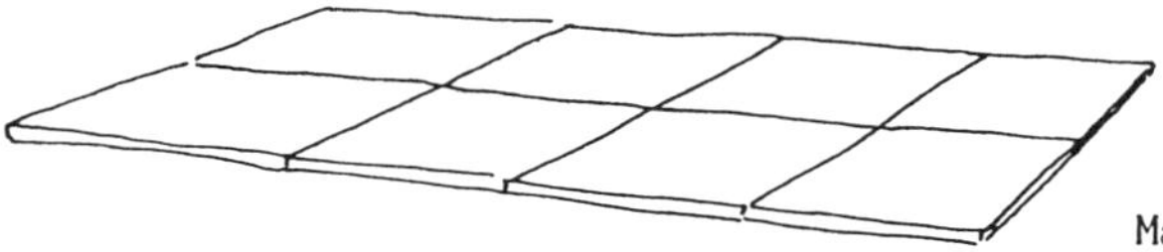

Matten als feste Unterlage

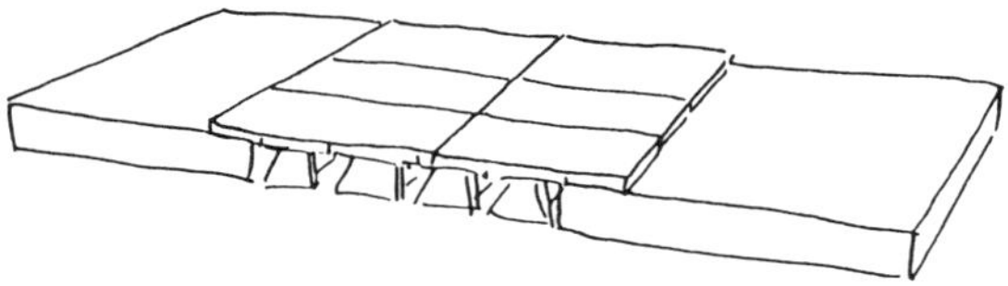

Wichtig: Die feste Abdruckzone und die weiche Aufsprungzone müssen auf gleichem Niveau liegen.
Das gelingt mit Hilfe von Bänken, Weichböden und Matten.

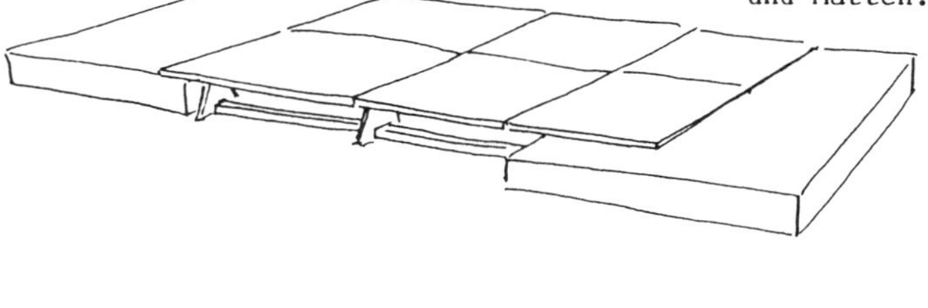

3.7.2 Schwingen am Barren

Schwingen im Unterarmstütz an der Kastengasse...

Schwingen vom Stütz auf den Ellenbogen zum Stütz auf den Händen

Unterbrochenes Schwingen, die Füße werden gegrätscht auf den Kasten gesetzt

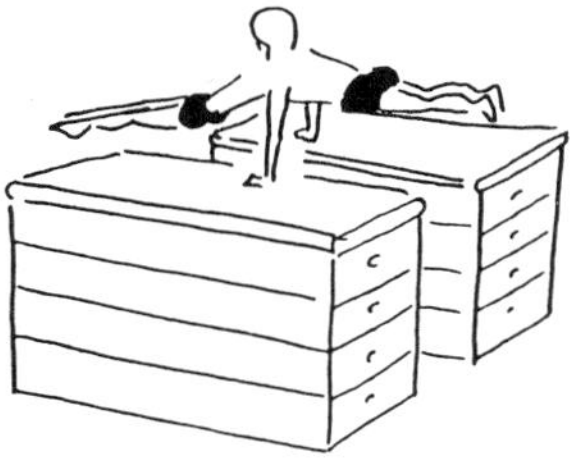

Schwingen in der Kastengasse

STÜTZSCHWINGEN

Im Vorschwung die Beine leicht über Hüfthöhe bringen und nach vorn in die Streckung schieben

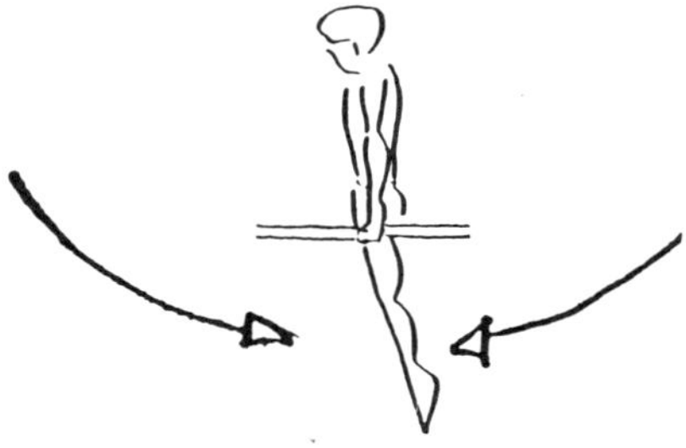

Beim Passieren der Griffstellen ist der Körper gestreckt

Hinter den Griffstellen (beim Rückschwung) ist der Körper immer gestreckt.

Synchronschwingen in der Kastengasse

Synchronschwingen in verschiedenen Gassen, die aus Kästen und Barren gebildet werden

3.7.2.1 Wendekehre

Hockwende über den Querkasten mit Minitrampolin

Wende über den Querkasten mit Minitrampolin

Wendekehre (Rückendrehung zum Gerät) über den Querkasten mit Minitrampolin

Schrittwende am Barren mit eingestelltem Kasten

Schritt-Wendekehre am Barren mit eingestelltem Kasten

Wende am Barren nach dem Absprung vom Minitrampolin

Wendekehre am Barren nach
Absprung vom Minitrampolin

Zielübung:
Wendekehre als Abgang aus dem Schwingen am Barren

3.7.2.2 Kreishocke

Die Voraussetzungen für die Kreishocke werden mit Hilfe des Minitrampolins erarbeitet:

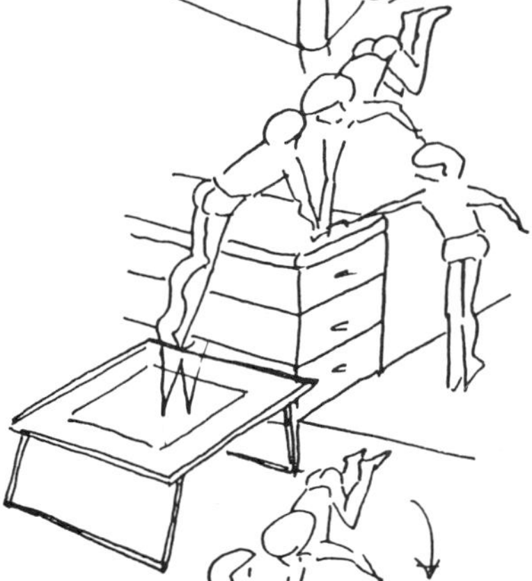

Kreishocke aus dem
Federn am Kasten ...

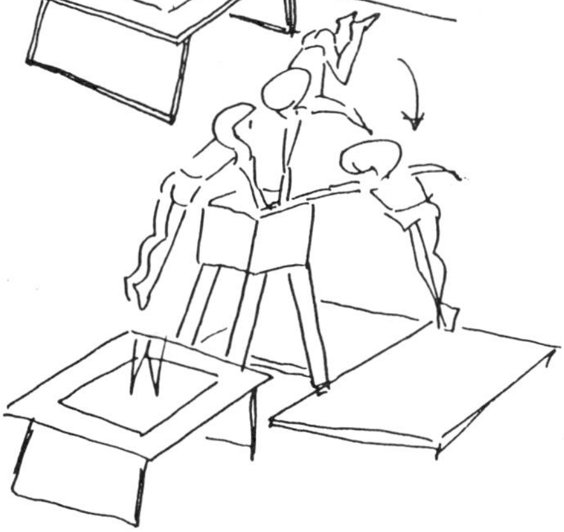

...aus dem Federn
am Bock...

KREISHOCKE

Beim Rückschwung das Gesäß hoch und die Knie an die Brust ziehen

Das Gewicht auf den Stützarm legen

und um den Stützarm drehen.

K R E I S H O C K E

H I L F E S T E L L U N G

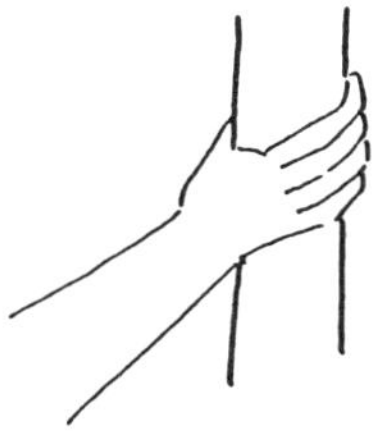

Ein Helfer mit Klammergriff
am Stützarm

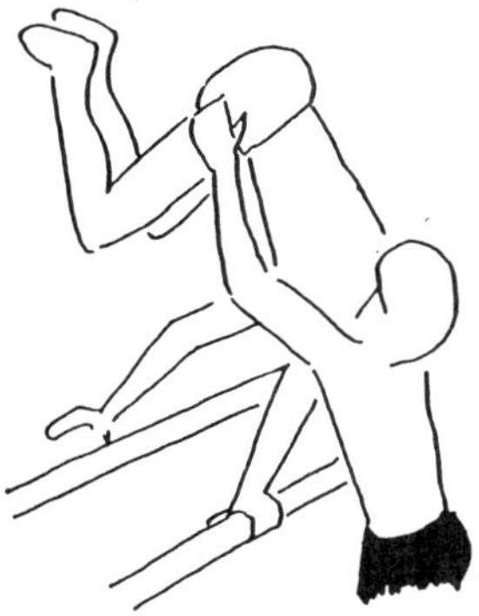

sowie Schub- und Drehhilfe
am Oberschenkel

Kreishocke am Barrenende aus dem Federn auf dem Minitrampolin

Für die folgenden Übungen ist das Schwingen am Barren Voraussetzung (siehe 3.7).

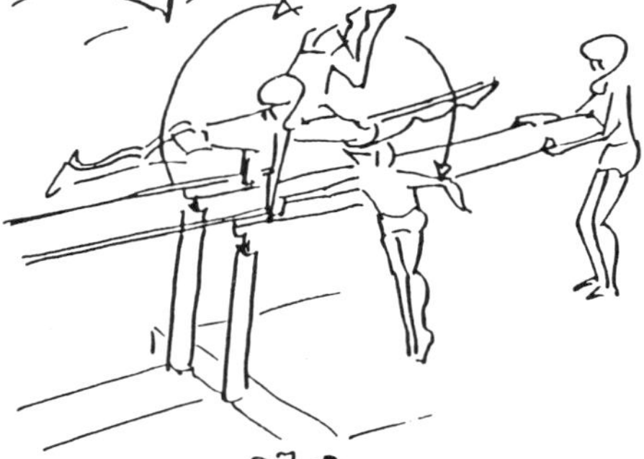

Kreishocke aus dem Schwingen am verlängerten Barrenende (durch gehaltene Seile)

Zielübung:

Kreishocke am Stützbarren

Zielübung:

Kreishocke am Hochbarren

3.7.2.3 Unterschwung aus dem Langhang

Die für das Schwungholen nötige Kraft entwickeln wir mit dem Aufzug:

Aufzug am reichhohen Reck

Aufzug am schwunghohen Reck: Anspringen und sofortiges Klimmen

Aufzug aus dem Stillhang

Voraussetzung für das Langhang-Schwingen ist das Schwungholen.

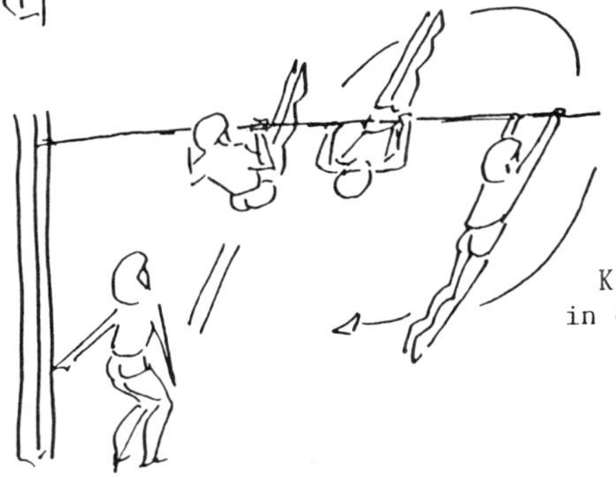

Ansprung mit sofortigem Klimmen und Unterschwung in den Langhang

Klimmen mit Unterschwung
in den Langhang
von der Kastengasse

Die Kästen werden
allmählich erhöht.

3.7.2.3 Abgänge aus dem
Langhang - Schwingen

Klimmen und Niedersprung
am Ende des Rückschwunges

Niedersprung nach
halber Drehung
im Langhang

Langhangschwingen mit
halben Drehungen und
abschließendem Unter-
schwung in den Stand

Hoher Unterschwung
mit halber Drehung am
Ende des Vorschwunges

Sprunghohes Reck:

Anspringen in den Langhang
mit sofortigem Unterschwung
in den Stand

<u>Hilfestellung:</u>
Zwei Helfer führen die
Bewegung mit je einer Hand
am Rücken und am Ober-
schenkel.

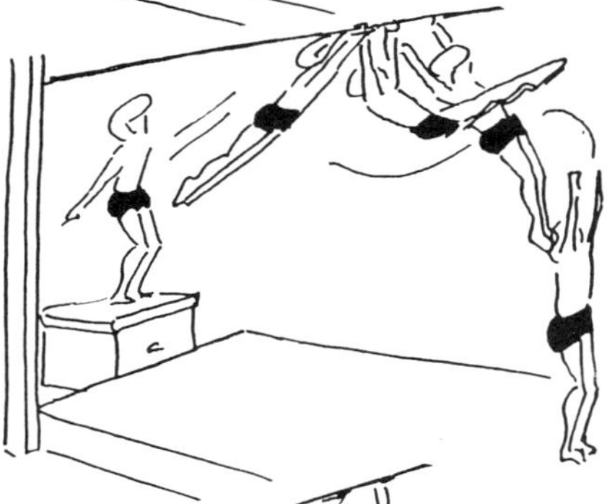

Unterschwung nach Ansprung
von einem kleinen Kasten...

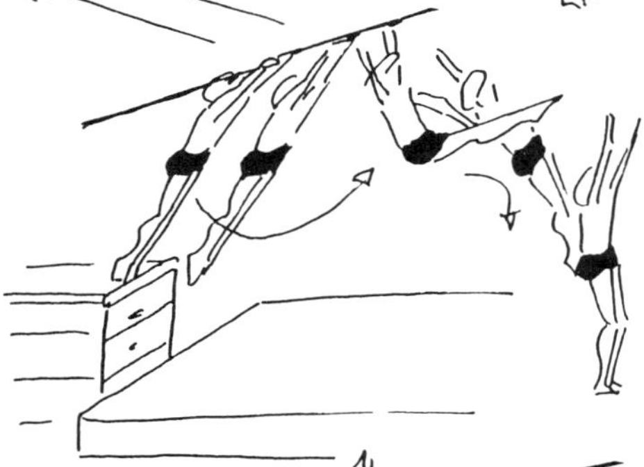

...von einem großen Kasten...

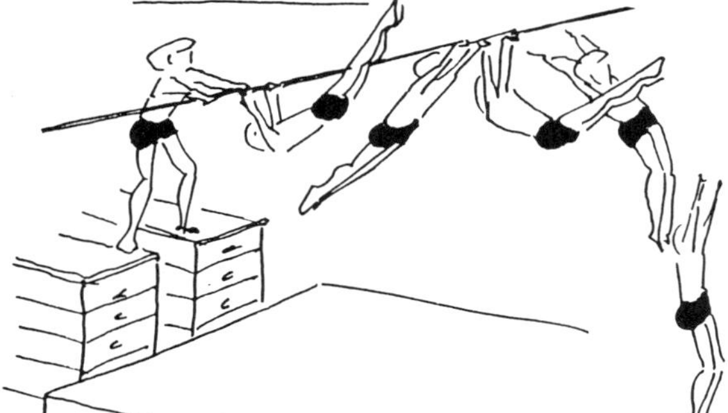

...und nach dem Langhangschwingen
an der Kastengasse

Vorschläge für den Geräteaufbau und die Organisation des Unterrichtes

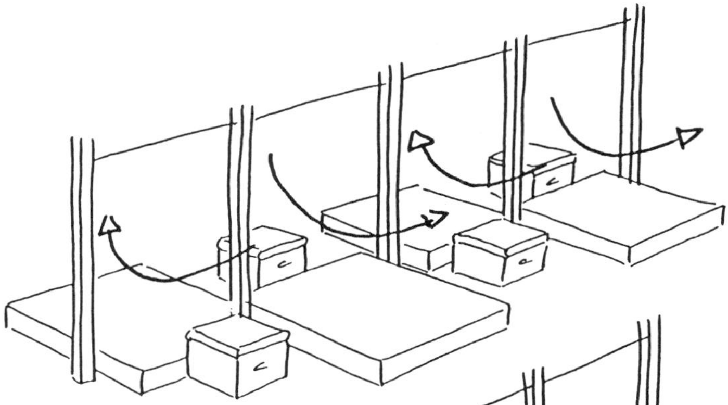

Vier Anlagen ermöglichen intensives Üben an der Station und später im Strom.

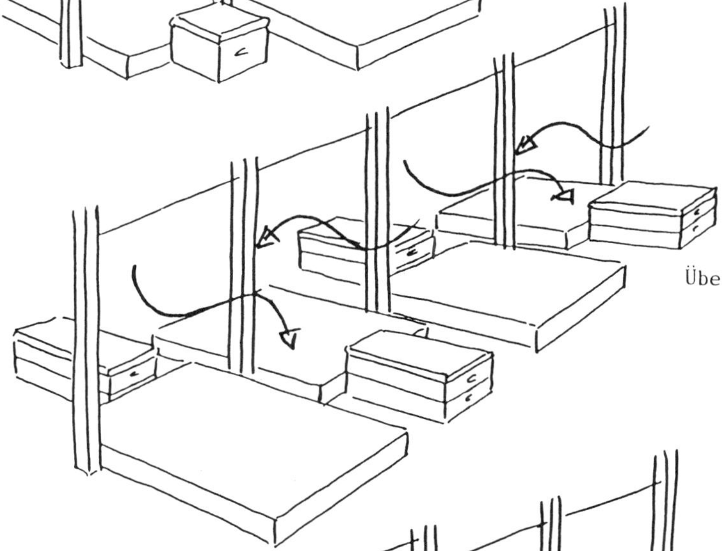

Üben im Strom

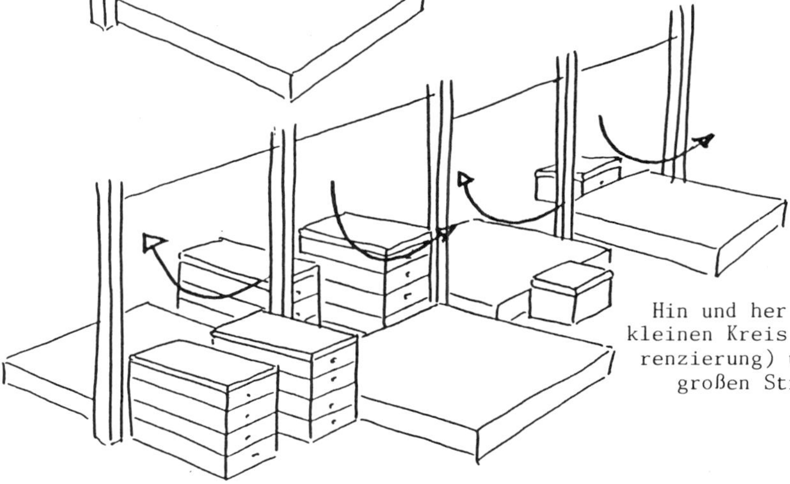

Hin und her im kleinen Kreis (Differenzierung) und im großen Strom

Literaturverzeichnis

Anemüller, P. u.a.: Springen - Fliegen - Stützen - Überdrehen - Landen. In: Sportpädagogik 9 (1985) 5, S. 56 - 61.

Brettschneider, W.-D.: Grundlagen und Probleme einer unterrichtsrelevanten Sportdidaktik. Ahrensburg 1975.

Bruckmann, M.: Gerätturnen - Mädchen. Düsseldorf 1980.

Bruckmann, K u.a.: Gerätturnen - Jungen. Düsseldorf 1981.

Bucher, W.: 1008 Spiel- und Übungsformen im Gerätturnen. 2. A., Schorndorf 1984.

Diezemann, R.: Zum Erlernen von Turnbewegungen. Kompensation fehlender konditioneller und motorischer Voraussetzungen. In: Trebels,A. (Hg.), Spielen und Bewegen an Geräten. Reinbek 1983. S. 50 - 67.

Dörrer, H.-J.: Gerätturnen in der Primarstufe. In: TUS 50 (1976) 1.

Funke, J.: Füße oben - Kopf unten. Wir dreh'n die ganze Welt herum, wir dreh' n sie um und um. In: Sportpädagogik 9 (1985) 5, S. 28 - 39.

Garske, U.: Zur Situation des Gerätturnens in den Schulen. In: TUS 49 (1975) 6/7.

Geist, V.: Turnen alternativ - und was nun? In: Sportunterricht 31 (1982) 6, S. 219 - 225.

Göhner, U.: Warum Gerätturnen in der Primarstufe? In: Sportpraxis 21 (1980) 12, S. 223 - 225 und 22 (1981) 12, S.16-17.

Göhner, U.: Gerätturnen. In: Sportunterricht 30 (1981) 10, S. 377 - 386.

Hermann, K u.a.: Trendbericht Gerätturnen II. In: Sportpraxis 27 (1986) 2, S. 3 - 5.

Knirsch, K.: Trendbericht Gerätturnen I. In: Sportpraxis 26 (1985) 5, S. 3 - 7.

Krüger, M.: Schulturnen und Gerätturnen. In: Sportunterricht 35 (1986) 11, S. 405 - 413.

Laging, R.: Turngelegenheiten . In: Sportpädagogik 9 (1985) 5, S. 20 - 23.

Medler, M. / Räupke, R.: Gerätturnen im 5. und 6. Schuljahr. 2. A., Neumünster 1983.

Medler, M. / Räupke, R.: Turnen am Minitrampolin. Neumünster 1983.

Räupke, R. u.a. : Vom Klettern und Klimmen zum Turnen an den Ringen. 2. A., Schorndorf 1976.

Söll, W.: Vom Bildungswert des Gerätturnens. In: Sportunterricht 22 (1972) 9, S. 301 - 305.

Söll, W., Die Stützsprünge. Didaktische Analyse und methodische Erschließung. In: Lehrhilfen zum Sportunterricht 22 (1981) 10, S. 145 - 160.

Trebels, A.: Turnen. In: Sportpädagogik 4 (1980) 5, S. 2-18.

Trebels, A.: (Hg.): Spielen und Bewegen an Geräten. Reinbek 1983.

Weller, K.-L.: Die Bewegungsstrukturen des Gerätturnens unter besonderer Berücksichtigung von Schwingen und Sprüngen. In: Sportunterricht 30 (1981) 10, S. 387 - 392.

Wiemann, K.: Vom Kippen zum Überschlagen - Vom Schwingen zum Felgen. 3. A., Schorndorf 1974.

Zimmermann, H.: Begriff und Funktion von sportartspezifischer Theorie im Rahmen des Sportunterrichts. In Sportunterricht 19 (1980) 3, S. 98 - 105.